Einstern

leicht gemacht

4

Themenheft 1

- Die Zahlen bis 1 000 000
- Addition und Subtraktion
- Körper
- Daten

Erarbeitet von Roland Bauer und Jutta Maurach

In Zusammenarbeit mit der Redaktion Mathematik Grundschule

Cornelsen

Inhaltsverzeichnis

Lernportion 1 Die Zahlen bis 10 000

Lernportion 2 Die Zahlen bis 1 000 000

Lernportion 3 Geometrische Körper

Lernportion 4 Addition und Subtraktion

Lernportion 5 Schriftliche Addition und Subtraktion

Lernportion 6 Daten

Der höchste Berg der Erde ist der Mount Everest. Er ist 8 848 m hoch.

Der höchste Berg in Deutschland ist die Zugspitze mit 2 962 m Höhe.

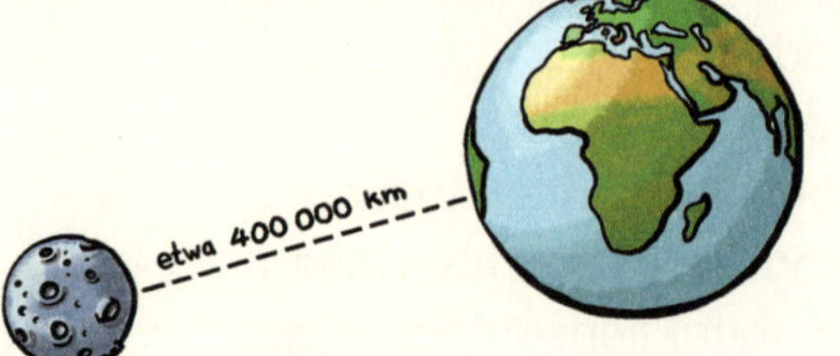

So alt können Bäume ungefähr werden:

Buche	Tanne	Eiche	Olivenbaum	Mammutbaum
250 Jahre	600 Jahre	700 Jahre	2 000 Jahre	3 800 Jahre

Und nun noch einige Informationen zu unserem Flugzeug. Der Airbus A330-200 kann mit einem Gewicht von maximal 251 000 kg starten. Sein Tank fasst 139 000 l. Die maximale Reichweite beträgt 15 094 km. Das Flugzeug kann in einer Höhe bis zu 12 000 m fliegen.

1 Besprich mit einem anderen Kind, was diese Zahlen bedeuten.

2 Suche große Zahlen.

a) Suche in deiner Umgebung, in Katalogen, Büchern, Zeitungen oder im Internet weitere Abbildungen oder Angaben mit großen Zahlen. Du kannst auch fotografieren. Besprich mit einem anderen Kind, was die Zahlen bedeuten.

b) Zeichne oder klebe die Bilder in dein Heft. Du kannst auch mit anderen Kindern ein Plakat gestalten.

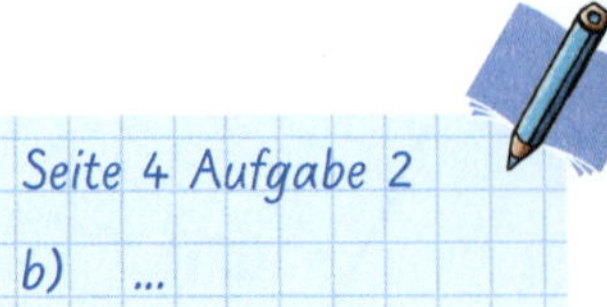

- ★ **SF:** unterschiedliche Bedeutung von Zahlen erkennen und beschreiben
- ★ Beispiele für große Zahlen im Alltag finden
- ★ **MK:** unterschiedliche Medien nutzen, Plakat gestalten

Die Blockstange mit 10 000 Würfeln kennenlernen

10 Blöcke sind 10 000 Würfel.

Und 3 Blöcke sind ...

1 Würfel	1 Stange	1 Platte	1 Block	1 Blockstange
1 Einer	1 Zehner	1 Hunderter	1 Tausender	1 Zehntausender
1 E	1 Z = 10 E	1 H = 10 Z	1 T = 10 H	1 ZT = 10 T

1 Betrachte den Zusammenhang zwischen Würfel, Stange, Platte, Block und Blockstange.

a) Eine Platte hat ☐ Stangen oder ☐ kleine Würfel.

b) Ein Block hat ☐ Platten, ☐ Stangen oder ☐ kleine Würfel.

c) Eine Blockstange hat ☐ Blöcke, ☐ Platten, ☐ Stangen oder ☐ kleine Würfel.

2 Was fällt dir bei den Ergebnissen von Aufgabe 1 auf? Sprich mit einem anderen Kind darüber.

3 Lege mit Blöcken, Platten, Stangen und Würfeln eine Zahl. Ein anderes Kind bestimmt die Zahl. Wechselt die Rollen.

★ SF: mithilfe des Mehrsystemmaterials die Struktur des Zehnersystems bis 10 000 erkennen und beschreiben ★ Zahlen bis 10 000 mit Mehrsystemmaterial legen
★ mit Mehrsystemmaterial gelegte Zahlen bestimmen

1 Bestimme für jedes Bild die Anzahl der Tausender, Hunderter, Zehner und Einer. Übertrage dein Ergebnis in die Stellentafel und schreibe es als Zahl.

a)

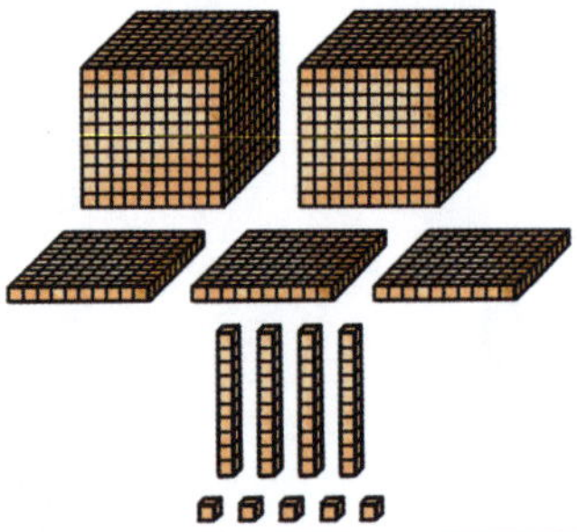

2 Tausender
3 Hunderter
4 Zehner
5 Einer

T	H	Z	E

b)

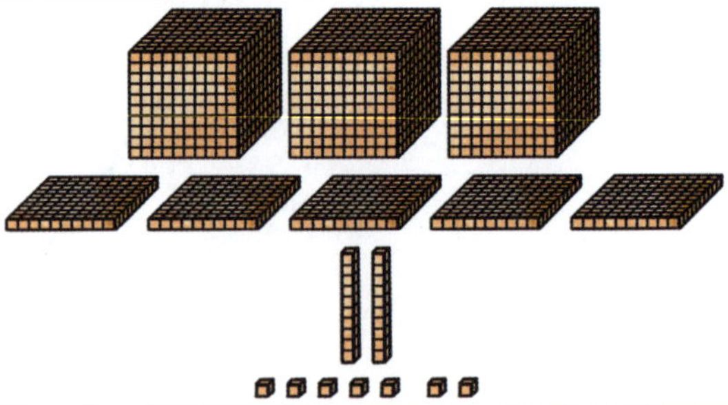

Tausender
Hunderter
Zehner
Einer

T	H	Z	E

c)

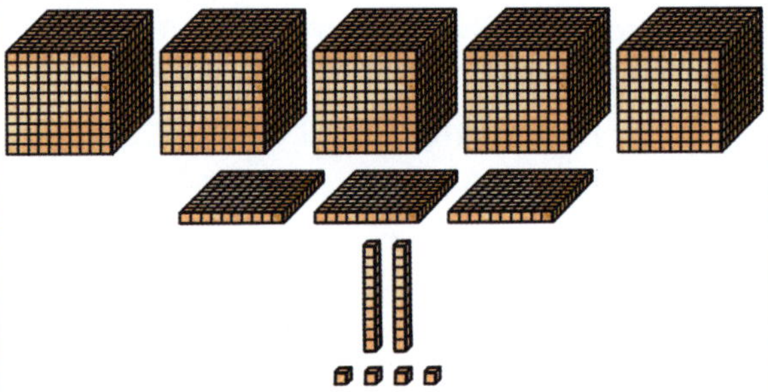

Tausender
Hunderter
Zehner
Einer

T	H	Z	E

d)

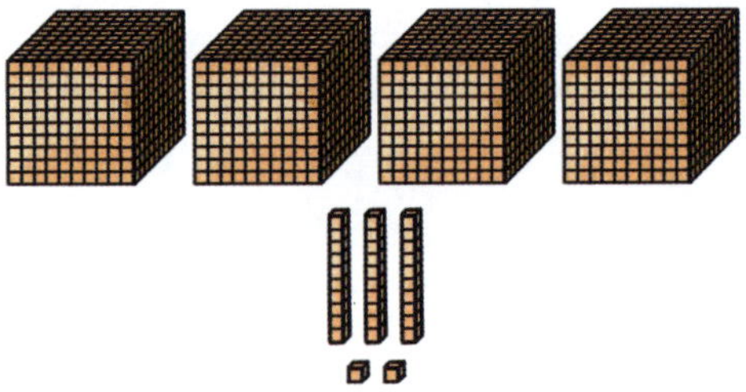

Tausender
Hunderter
Zehner
Einer

T	H	Z	E

e)

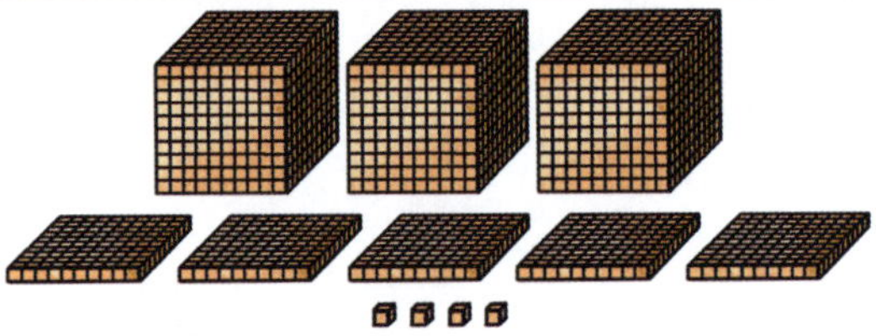

Tausender
Hunderter
Zehner
Einer

T	H	Z	E

f)

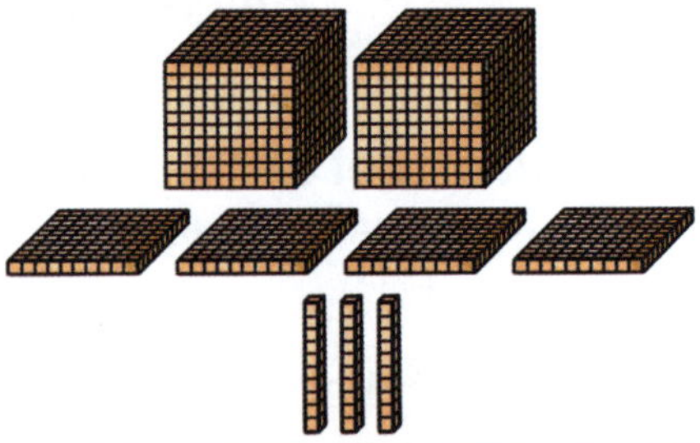

Tausender
Hunderter
Zehner
Einer

T	H	Z	E

★ mit Mehrsystemmaterial dargestellte Zahlen bis 10 000 in Stellenschreibweise, in der Stellentafel und als Zahl notieren

2 Bestimme für jedes Bild die Anzahl der Tausender, Hunderter, Zehner und Einer.
Übertrage dein Ergebnis in die Stellentafel.
Schreibe auch die passende Additionsaufgabe dazu.

a)

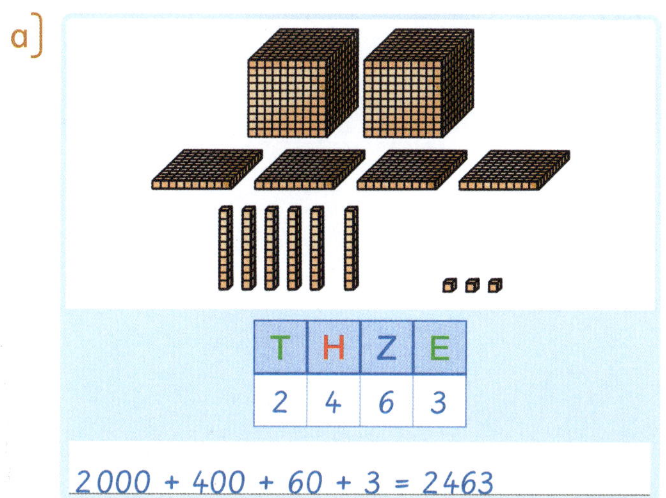

T	H	Z	E
2	4	6	3

2000 + 400 + 60 + 3 = 2463

b)

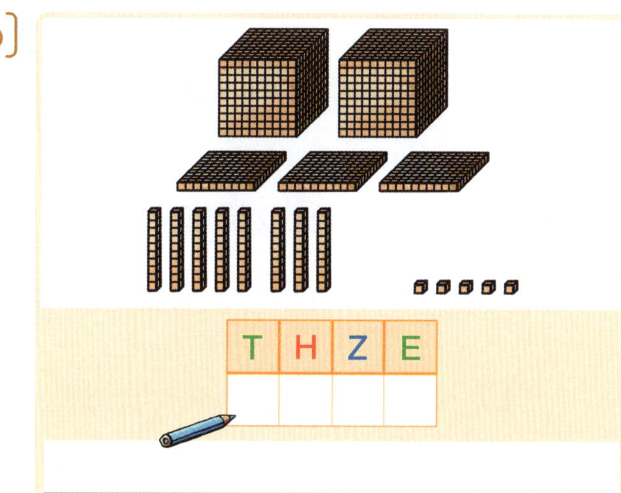

T	H	Z	E

c)

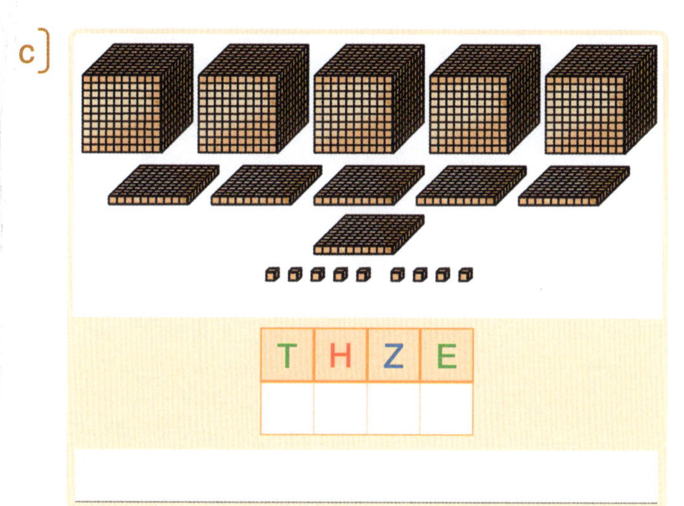

T	H	Z	E

d)

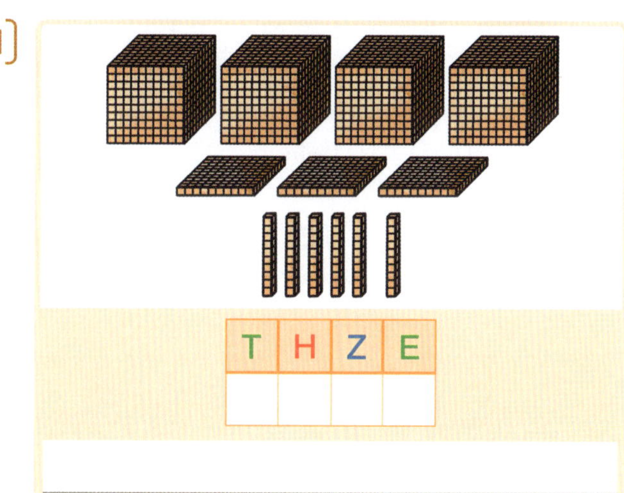

T	H	Z	E

3 Stelle als Additionsaufgabe dar.
Du kannst die Zahlen auch zuerst legen.

a)

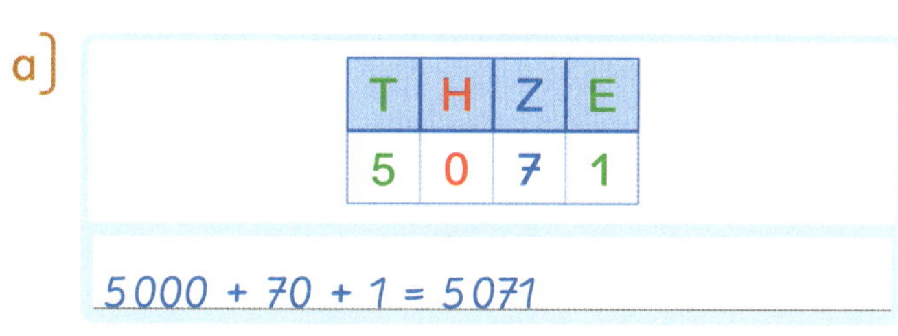

T	H	Z	E
5	0	7	1

5000 + 70 + 1 = 5071

b)

T	H	Z	E
9	6	8	3

c)

T	H	Z	E
6	5	0	9

d)

T	H	Z	E
8	9	3	0

⋆ mit Mehrsystemmaterial dargestellte Zahlen bis 10 000 in die Stellentafel und in eine Additionsaufgabe übertragen ⋆ in Stellentafeln vorgegebene Zahlen bis 10 000 in Additionsaufgaben übertragen

AH 4 B

1 Verbinde Zahl und Zahlwort.

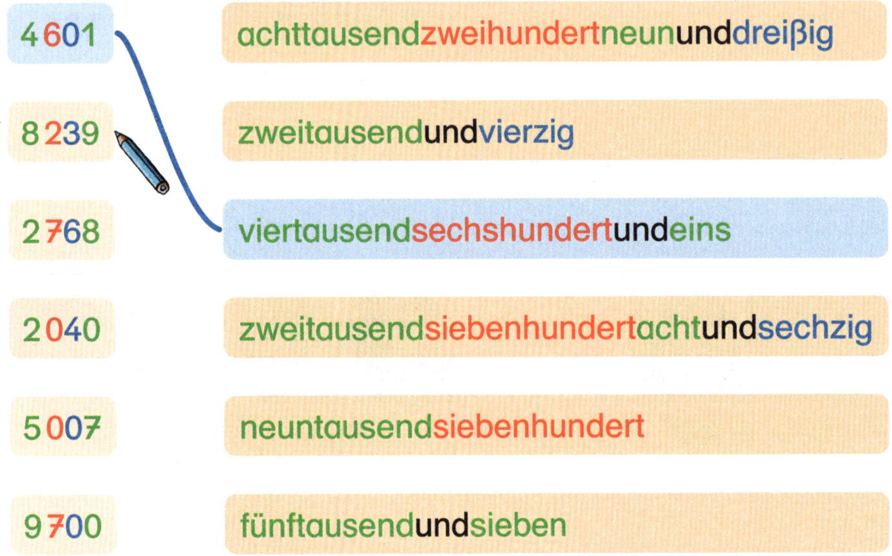

2 Schreibe die Zahlwörter als Zahlen.

a) sechstausendvierhundertzweiundneunzig 6492
b) dreitausendfünfhundertvierundsiebzig
c) achttausendzweihundertneununddreißig
d) neuntausendsechshundertzwei
e) fünftausendvierundsiebzig
f) viertausendundfünf

3 Diktiert euch gegenseitig diese Zahlen. Kontrolliert gemeinsam.

a) 39	b) 147	c) 258	d) 1490	e) 3621
f) 16	g) 763	h) 508	i) 8417	j) 9005

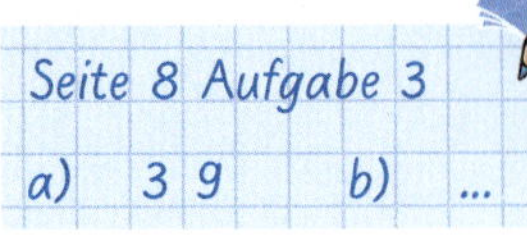

★ SF: Sprech- und Schreibweise von vierstelligen Zahlen bewusst machen und anwenden

1 Ordne die dargestellten Zahlen passend zu. Verbinde.

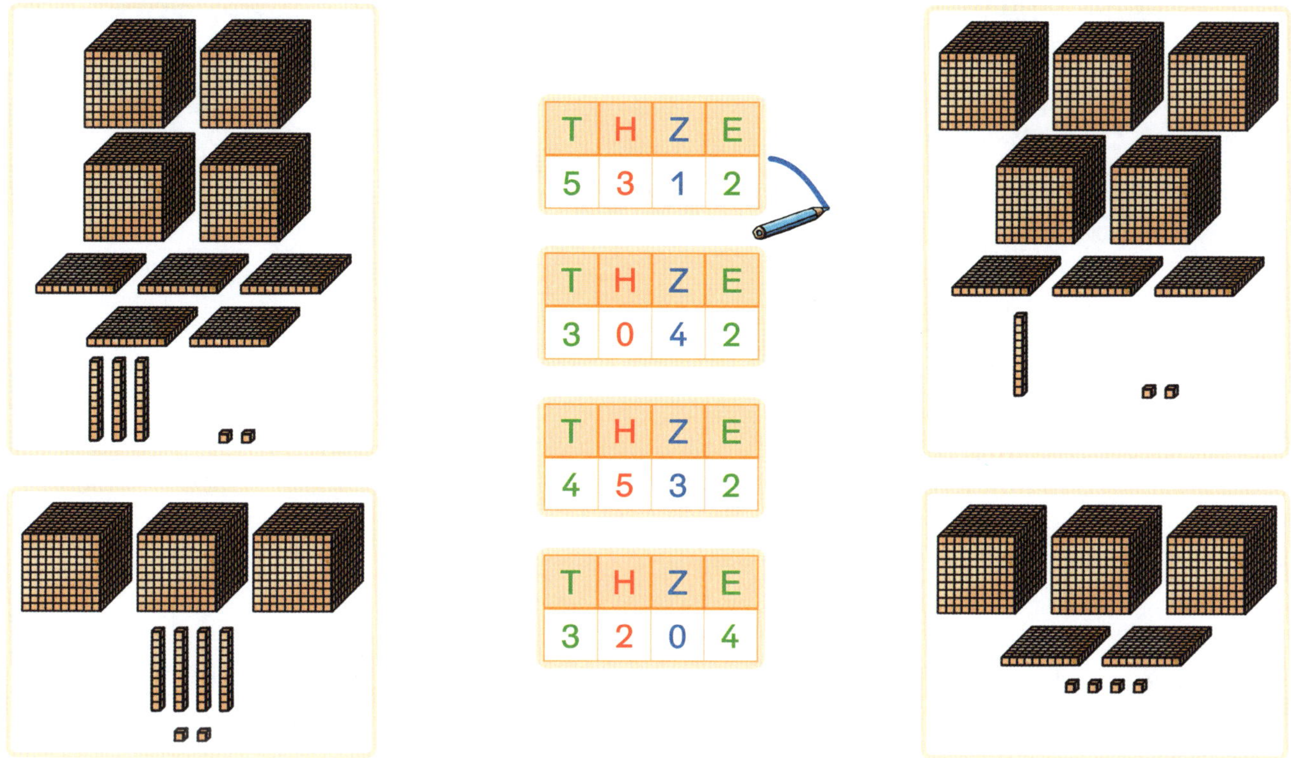

2 Ordne passend zu. Verbinde Zahlwort, Stellentafel und Zahl.

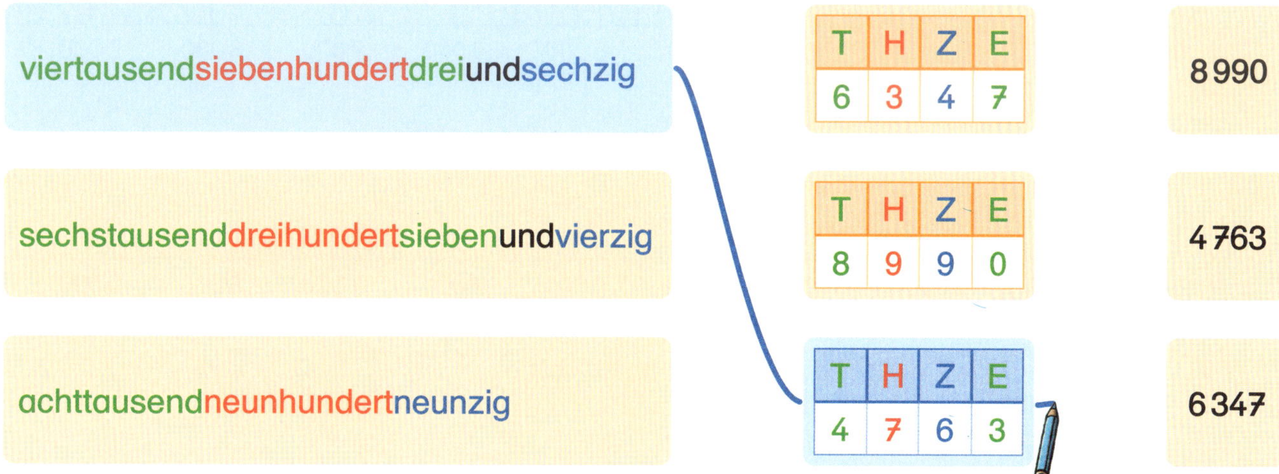

3 Übertrage die Zahlwörter in die Stellentafeln und schreibe sie als Zahlen.

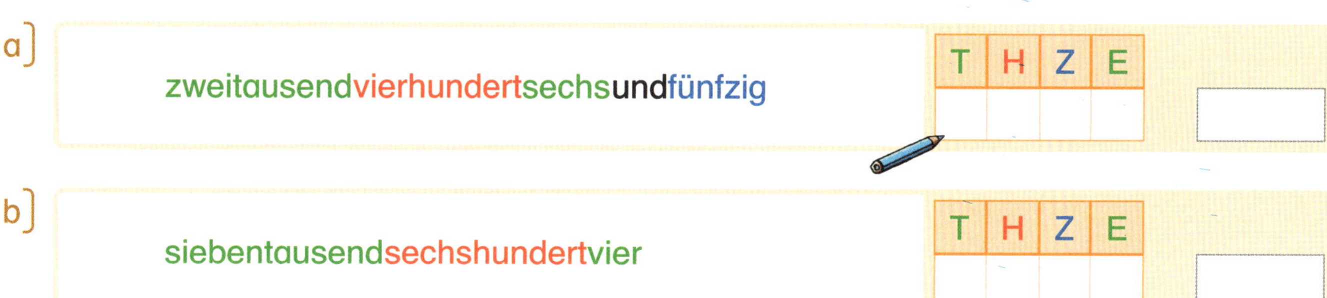

⋆ in Stellentafeln vorgegebenen Zahlen mit Mehrsystemmaterial dargestellte Zahlen zuordnen
⋆ **SF:** Zahlwörter in die Stellentafel und in Zahlen übertragen

Zahlen am Zahlenstrahl ablesen

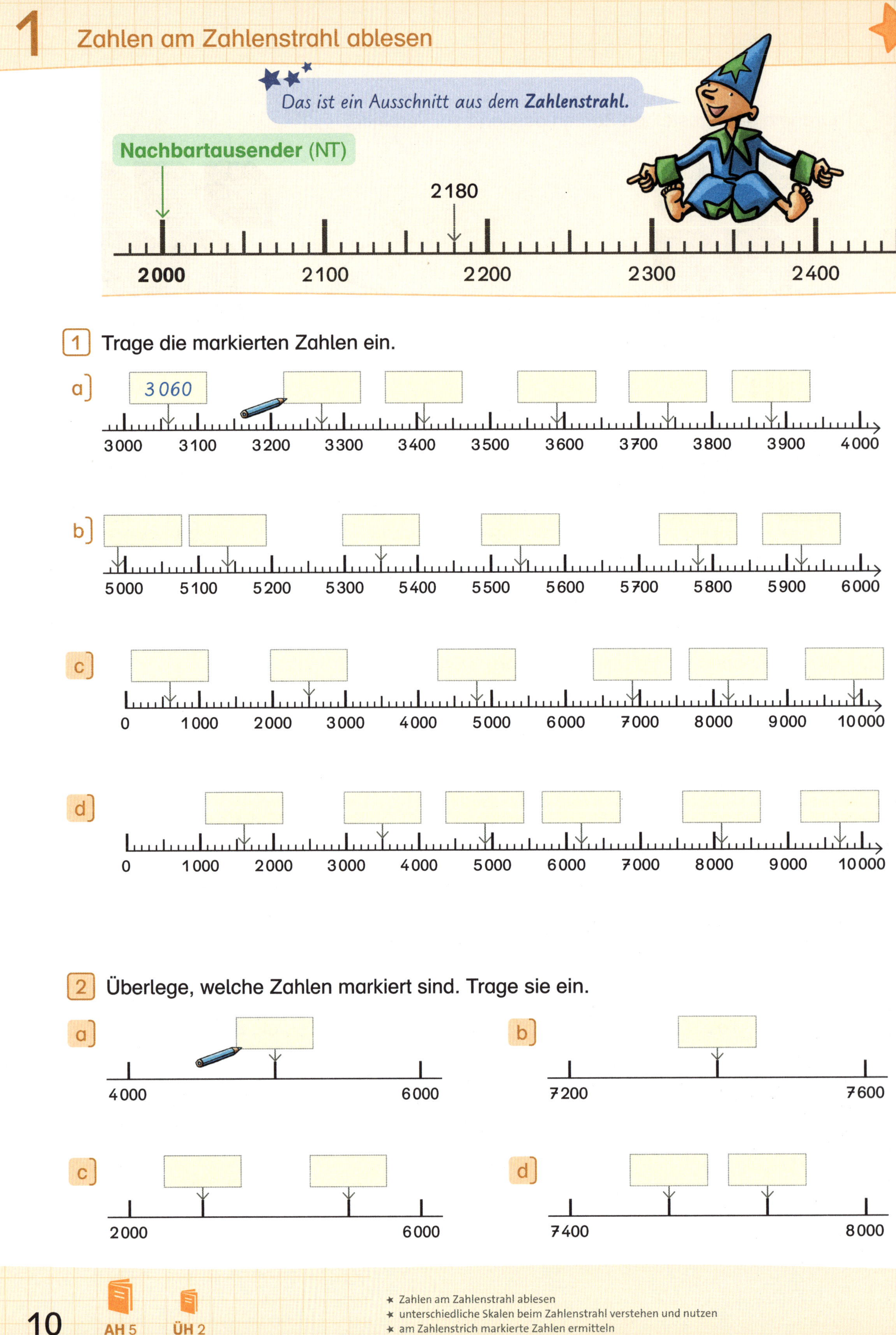

1 Trage die markierten Zahlen ein.

a) 3060 — 3000, 3100, 3200, 3300, 3400, 3500, 3600, 3700, 3800, 3900, 4000

b) 5000, 5100, 5200, 5300, 5400, 5500, 5600, 5700, 5800, 5900, 6000

c) 0, 1000, 2000, 3000, 4000, 5000, 6000, 7000, 8000, 9000, 10000

d) 0, 1000, 2000, 3000, 4000, 5000, 6000, 7000, 8000, 9000, 10000

2 Überlege, welche Zahlen markiert sind. Trage sie ein.

a) 4000 — 6000

b) 7200 — 7600

c) 2000 — 6000

d) 7400 — 8000

AH 5 ÜH 2

- Zahlen am Zahlenstrahl ablesen
- unterschiedliche Skalen beim Zahlenstrahl verstehen und nutzen
- am Zahlenstrich markierte Zahlen ermitteln

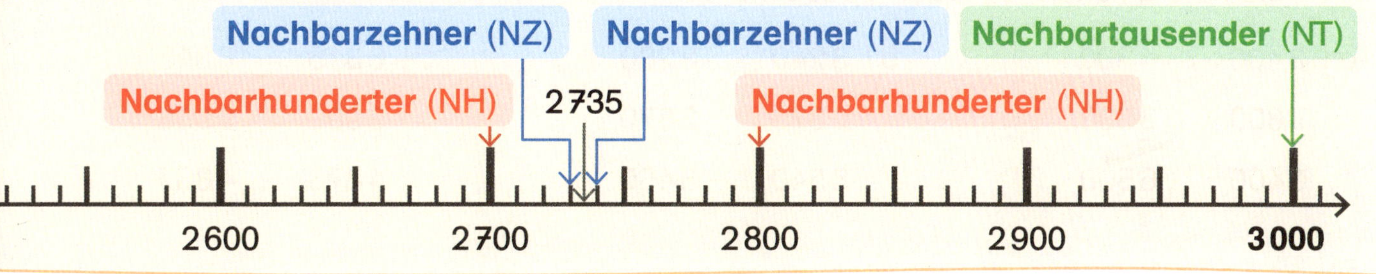

1 Trage die Nachbarzehner (NZ) ein. Markiere den näher liegenden Zehner blau.

a) 8 532

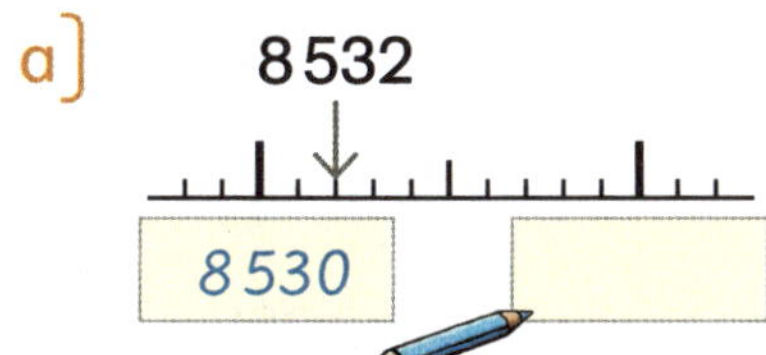

b) 3 456

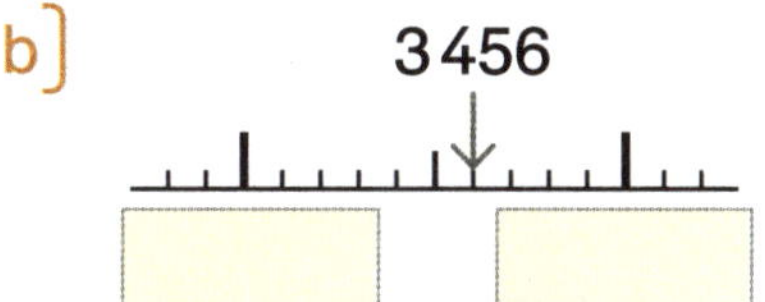

c) 7 697

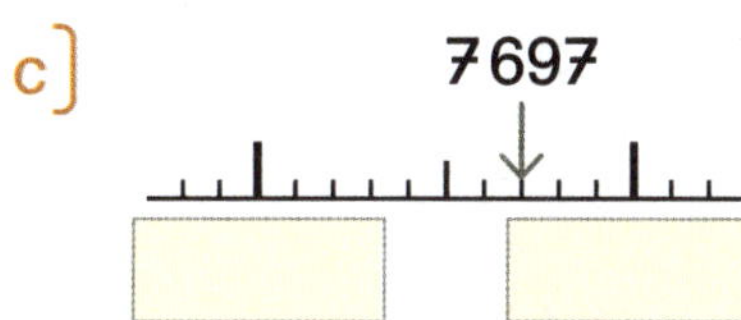

2 Trage die Nachbarhunderter (NH) ein. Markiere den näher liegenden Hunderter rot.

a) 8 532

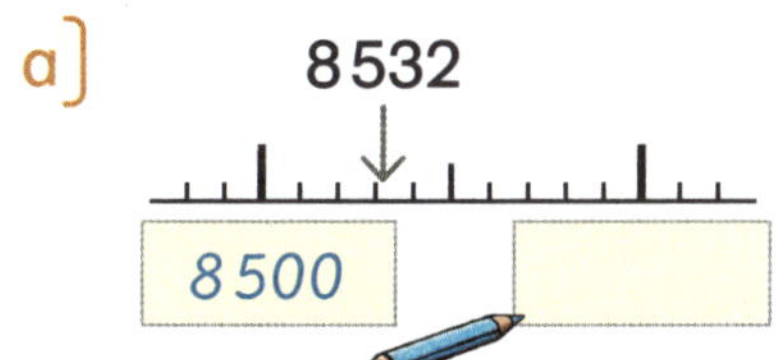

b) 4 182

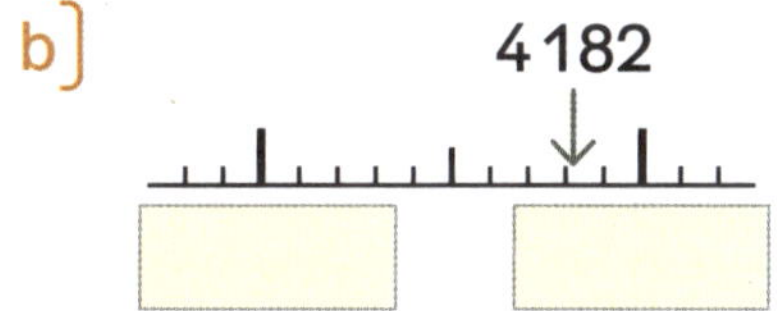

c) 9 940

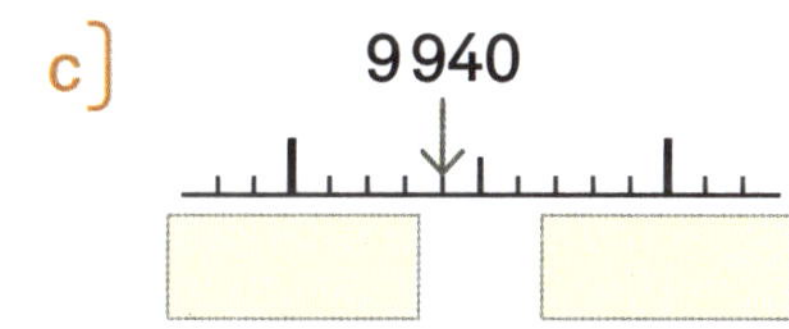

3 Trage die Nachbartausender (NT) ein. Markiere den näher liegenden Tausender grün.

a) 8 532

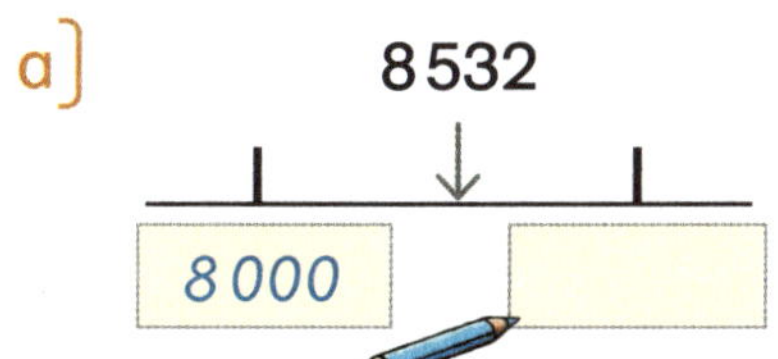

b) 7 586

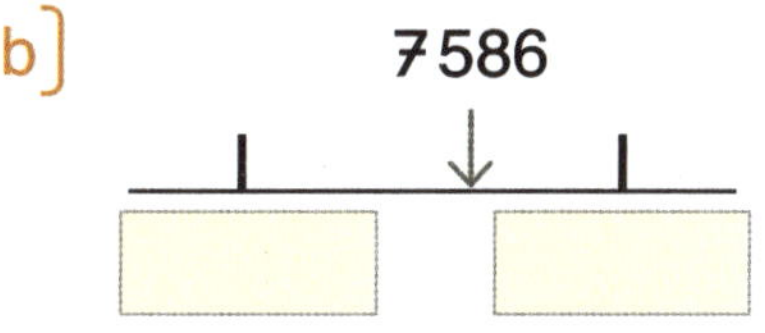

c) 2 204

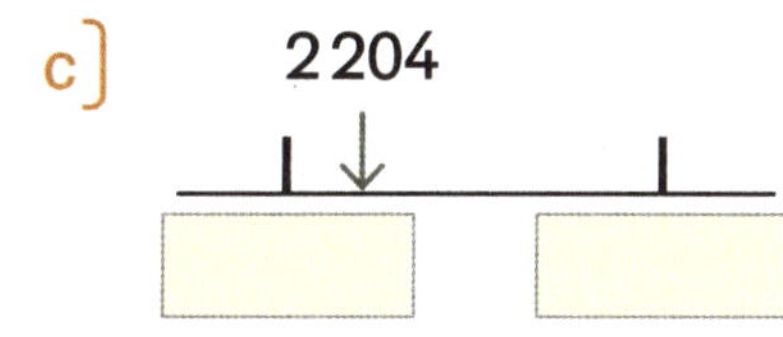

4 Trage die Nachbarzahlen ein.
Markiere die näher liegende Nachbarzahl:
Nachbarzehner blau, Nachbarhunderter rot,
Nachbartausender grün.

Ein Zahlenstrahl kann dir helfen.

a)

NZ	Zahl	NZ
	8 468	
	4 673	
	5 341	

b)

NH	Zahl	NH
	7 365	
	3 032	
	2 887	

c)

NT	Zahl	NT
	1 263	
	6 815	
	9 589	

★ Nachbarzehner, -hunderter und -tausender bestimmen und jeweils die näher an der Ausgangszahl liegende Zahl markieren

1 Setze die Zeichen <, > oder = passend ein.

a)	b)	c)
3400 (<) 4300	3240 ( ) 3280	6315 ( ) 6315
7800 ( ) 3500	2870 ( ) 2870	9999 ( ) 9995
6400 ( ) 6500	8540 ( ) 8450	4873 ( ) 4837

2 Setze passende Zahlen ein.

a)	b)	c)
6300 < ☐	9800 > ☐	☐ > 7100
2360 < ☐	1040 > ☐	☐ > 4380
8431 < ☐	5197 > ☐	☐ > 3068

3 Setze passende Zahlen ein. Finde drei verschiedene Lösungen.

a)	b)	c)
5689 < ☐	7510 > ☐	6803 < ☐ < 6810
5689 < ☐	7510 > ☐	6803 < ☐ < 6810
5689 < ☐	7510 > ☐	6803 < ☐ < 6810

4 Ordne die Zahlen der Größe nach.

a) Beginne mit der kleinsten Zahl.

7506 ~~6057~~ 6750 7560

6057 < ___

b) Beginne mit der größten Zahl.

2413 4321 2314 4231

___

5 Suche dir ein anderes Kind.
Stellt euch gegenseitig Zahlenrätsel und löst sie.

⋆ Zahlen vergleichen und passende Relationszeichen einsetzen ⋆ zu vorgegebenen Ungleichungen verschiedene passende Zahlen finden ⋆ Zahlen der Größe nach ordnen ⋆ **SF:** Zahlenrätsel erfinden und lösen

1 Bilde aus diesen Ziffernkärtchen Zahlen und schreibe sie auf.
Verwende jedes Ziffernkärtchen je Zahl höchstens einmal.

2 5 7 3

Seite 13 Aufgabe 1
a) ...

a) zehn Zahlen zwischen 10 und 100

b) zehn Zahlen zwischen 1 000 und 10 000

c) die kleinstmögliche vierstellige Zahl

d) die größtmögliche vierstellige Zahl

e) Vergleiche deine Vorgehensweise mit der eines anderen Kindes.

2 Ihr habt nun diese Ziffernkärtchen: 4 5 8 4.

a) Überlegt, ob ihr damit genauso viele verschiedene Zahlen bilden könnt wie mit den Ziffernkärtchen in Aufgabe 1.
Begründet eure Antwort.

b) Findet eigene Aufgaben und stellt sie euch gegenseitig.

3 Lest am Baumdiagramm ab, welche vierstelligen Zahlen mit den Ziffern 3 5 7 9 gebildet werden können.
Wie viele verschiedene sind es?

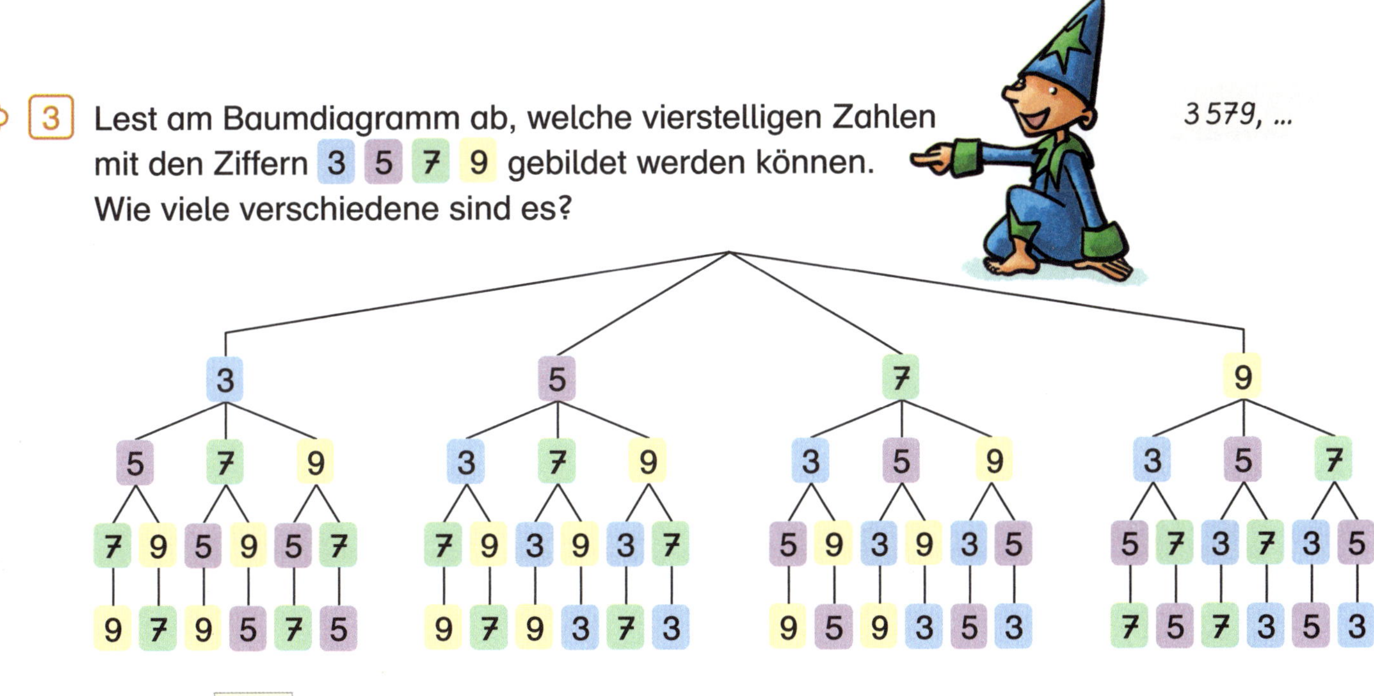

Es sind ☐ verschiedene Zahlen.

* SF: aus Ziffernkärtchen nach Vorgabe Zahlen bilden, Vorgehensweisen vergleichen und auf eine veränderte Ausgangssituation übertragen
* am Baumdiagramm alle möglichen vierstelligen Zahlen ablesen

1 Suche dir ein anderes Kind.
Zählt in den angegebenen Schritten.
Wechselt euch beim Sprechen ab.

in Zehnerschritten von 5 970 bis 6 040	in Zwanzigerschritten von 8 220 bis 8 440
in Fünfzigerschritten von 5 250 bis 3 750	in …schritten von … bis …

2 Setze die Zahlenfolgen fort.

a) immer + 1 000

940	1 940							8 940

immer + 100

6 690	6 790							7 490

immer + 500

1 520	2 020							5 520

immer + 200

2 350	2 550							3 950

b) immer – 1 000

9 370	8 370							1 370

immer – 100

4 350	4 250							3 550

immer – 500

7 050	6 550							3 050

immer – 200

8 810	8 610							7 210

AH 7

ÜH 5

D 3

★ Zahlenfolgen mit verschiedenen Schrittfolgen vorwärts und rückwärts bilden und fortsetzen

1 Bestimme zuerst die Schritte. Setze dann die Zahlenfolgen fort.

a)

immer +20

5940	5960	5980						6100

immer

1100	1111	1122						1188

immer

1025	1075	1125						1425

immer

2000	2025	2050						2200

b)

immer

5000	4950	4900						4600

immer

8120	8105	8090						8000

immer

9540	8539	7538						1532

immer

10000	9995	9990						9960

2 Suche dir ein anderes Kind. Denkt euch abwechselnd Zahlenfolgen aus.
Bittet das andere Kind, diese fortzusetzen.
Besprecht anschließend …

- … wie ihr beim Bilden der Zahlenfolgen vorgegangen seid.
- … wie ihr beim Fortsetzen der Zahlenfolgen vorgegangen seid.
- … wie viele Zahlen mindestens vorgegeben sein müssen.

★ MK: Schrittfolgen und Strukturen bei besonderen Zahlenfolgen erkennen und Zahlenfolgen entsprechend fortsetzen ★ SF: gemeinsam mit einem anderen Kind Zahlenfolgen erstellen und fortsetzen, das Vorgehen reflektieren und beschreiben

2 Interessante Aussagen zu 1 Million kennenlernen

1000000 sind fünftausend 200-Euro-Scheine.

Zehn Hechtweibchen legen zusammen ungefähr 1000000 Eier.

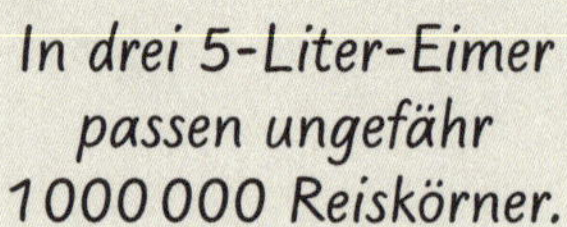

1000000 1-Euro-Münzen in eine lange Rolle verpackt sind 2 km 330 m lang.

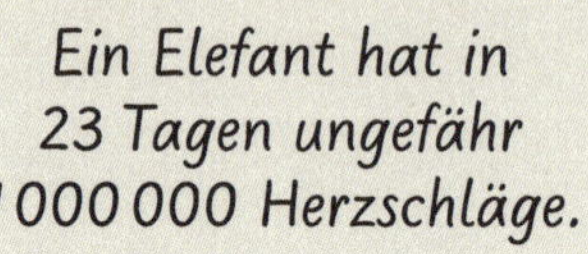

Ein 10-jähriges Kind hat in ungefähr acht Tagen 1000000 Herzschläge.

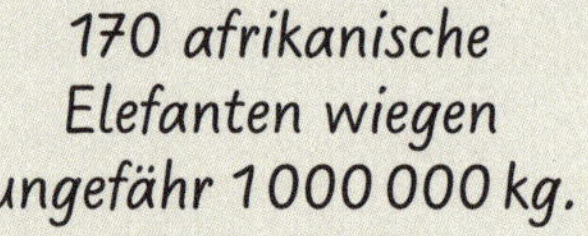

Zu zwei Ameisenvölkern gehören mindestens 1000000 Ameisen.

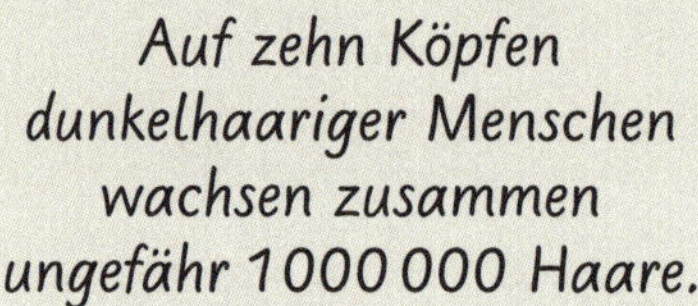

Wenn ich 100 Quadrate mit 10 cm Seitenlänge aus Millimeterpapier ausschneide und nebeneinanderlege, habe ich eine Fläche mit 1000000 Millimeterquadraten.

1 Suche selbst in Büchern, Zeitschriften oder im Internet weitere interessante Aussagen zu 1 Million. Gestalte gemeinsam mit anderen Kindern ein Plakat dazu.

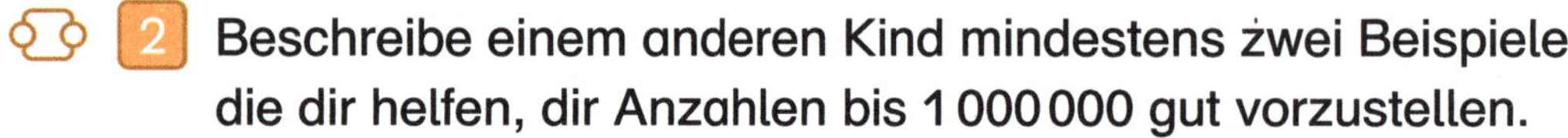
2 Beschreibe einem anderen Kind mindestens zwei Beispiele, die dir helfen, dir Anzahlen bis 1000000 gut vorzustellen.

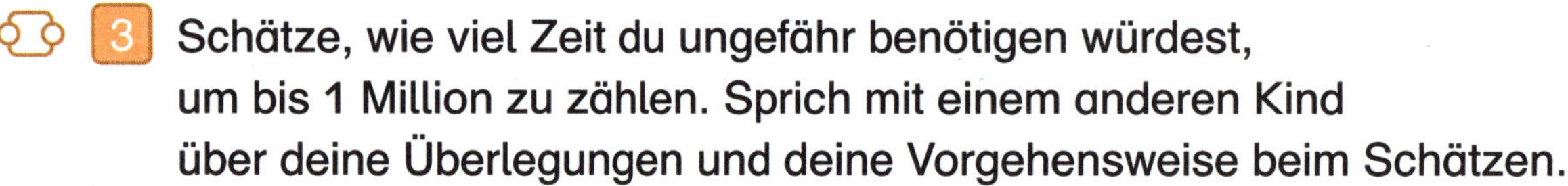
3 Schätze, wie viel Zeit du ungefähr benötigen würdest, um bis 1 Million zu zählen. Sprich mit einem anderen Kind über deine Überlegungen und deine Vorgehensweise beim Schätzen.

★ **MK:** in verschiedenen Medien Aussagen zu 1 Million finden und gemeinsam mit anderen Kindern auf einem Plakat darstellen ★ **SF:** einem anderen Kind anschauliche Beispiele zu Anzahlen bis 1 Million vorstellen ★ **SF:** Überlegungen und Vorgehensweise bei einer Schätzaufgabe besprechen

Den Blockwürfel mit 1 000 000 Würfeln kennenlernen

1 Blockwürfel
1 Million
1 M = 10 HT

Bis zur nächsten Stelle immer · 10.
Daher heißt es **Zehnersystem.**

1 Würfel	1 Stange	1 Platte	1 Block	1 Blockstange	1 Blockplatte
1 Einer	1 Zehner	1 Hunderter	1 Tausender	1 Zehntausender	1 Hunderttausender
1 E	1 Z = 10 E	1 H = 10 Z	1 T = 10 H	1 ZT = 10 T	1 HT = 10 ZT

1 Betrachte den Zusammenhang zwischen Würfel, Stange, Platte, Block, Blockstange, Blockplatte und Blockwürfel.

a) Ein Block hat ____ Platten, ____ Stangen oder ____ kleine Würfel.

b) Eine Blockstange hat ____ Blöcke, ____ Platten, ____ Stangen oder ____ kleine Würfel.

c) Eine Blockplatte hat ____ Blockstangen, ____ Blöcke, ____ Platten, ____ Stangen oder ____ kleine Würfel.

d) Ein Blockwürfel hat ____ Blockplatten, ____ Blockstangen, ____ Blöcke, ____ Platten, ____ Stangen oder ____ kleine Würfel.

* SF: mithilfe des Mehrsystemmaterials die Struktur des Zehnersystems bis 1 000 000 erkennen und beschreiben

1 Bestimme für jedes Bild die Anzahl der Zehntausender, Tausender, Hunderter, Zehner und Einer.
Übertrage dein Ergebnis in die Stellentafel und schreibe es als Zahl.

a)

5	Zehntausender
	Tausender
	Hunderter
	Zehner
	Einer

ZT	T	H	Z	E

b)

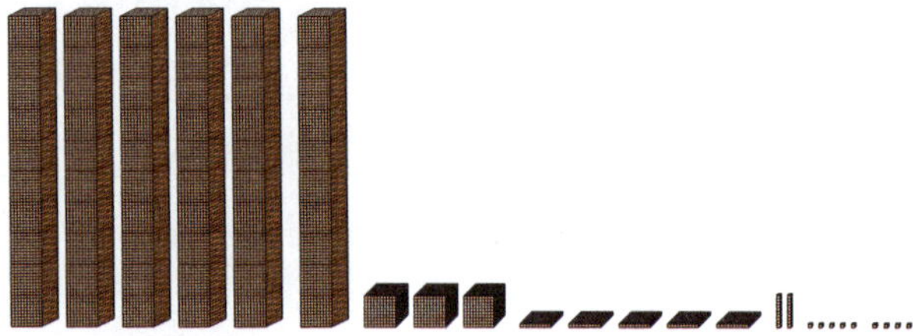

	Zehntausender
	Tausender
	Hunderter
	Zehner
	Einer

ZT	T	H	Z	E

c)

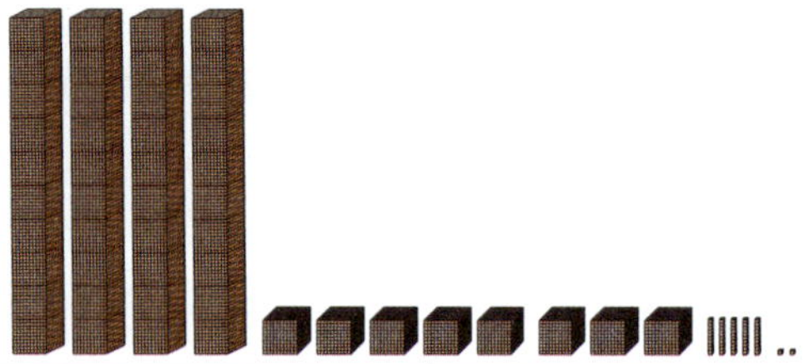

	Zehntausender
	Tausender
	Hunderter
	Zehner
	Einer

ZT	T	H	Z	E

2 Stelle als Additionsaufgabe dar.
Du kannst die Zahlen auch zuerst legen.

a)

ZT	T	H	Z	E
3	2	1	4	5

30 000 + 2 000 + 100 + 40 + 5 = 32 145

b)

ZT	T	H	Z	E
7	0	8	1	9

c)

ZT	T	H	Z	E
2	5	3	0	1

★ mit Mehrsystemmaterial dargestellte Zahlen bis 100 000 in Stellenschreibweise, in der Stellentafel und als Zahl notieren
★ in Stellentafeln vorgegebene Zahlen bis 100 000 in Additionsaufgaben übertragen

1 Bestimme für jedes Bild die Anzahl der Hunderttausender, Zehntausender, Tausender, Hunderter, Zehner und Einer.
Übertrage dein Ergebnis in die Stellentafel und schreibe es als Zahl.

a)
2 Hunderttausender
Zehntausender
Tausender
Hunderter
Zehner
Einer

HT	ZT	T	H	Z	E

b)
Hunderttausender
Zehntausender
Tausender
Hunderter
Zehner
Einer

HT	ZT	T	H	Z	E

c)
Hunderttausender
Zehntausender
Tausender
Hunderter
Zehner
Einer

HT	ZT	T	H	Z	E

2 Stelle als Additionsaufgabe dar.
Du kannst die Zahlen auch zuerst legen.

a)

HT	ZT	T	H	Z	E
4	8	2	1	3	5

400 000 + 80 000 + 2 000 + 100 + 30 + 5 =

b)

HT	ZT	T	H	Z	E
5	2	8	9	0	0

⋆ mit Mehrsystemmaterial dargestellte Zahlen bis 1 000 000 in Stellenschreibweise, in der Stellentafel und als Zahl notieren
⋆ in Stellentafeln vorgegebene Zahlen bis 1 000 000 in Additionsaufgaben übertragen

2 Zahlen in der Stellentafel darstellen und verändern

1 Schreibe die dargestellten Zahlen auf.

a) 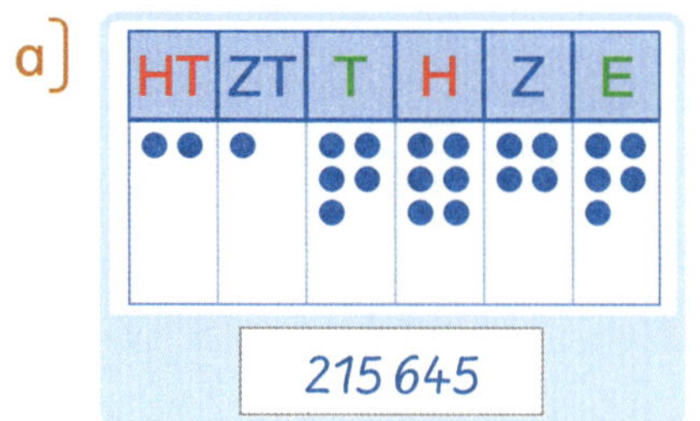

b) 

c) 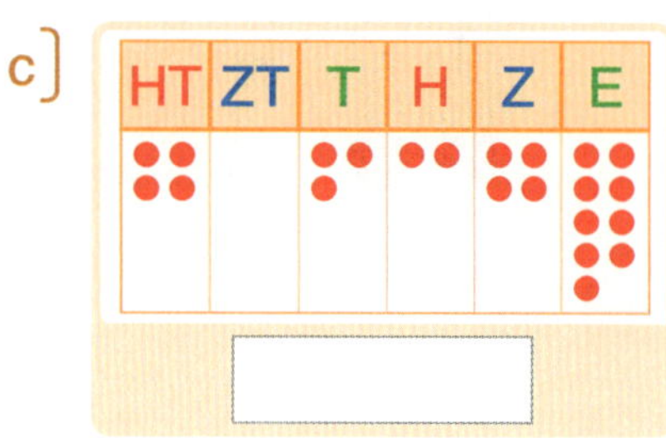

2 Zeichne, wie du die Zahlen mit Plättchen darstellst.

a) 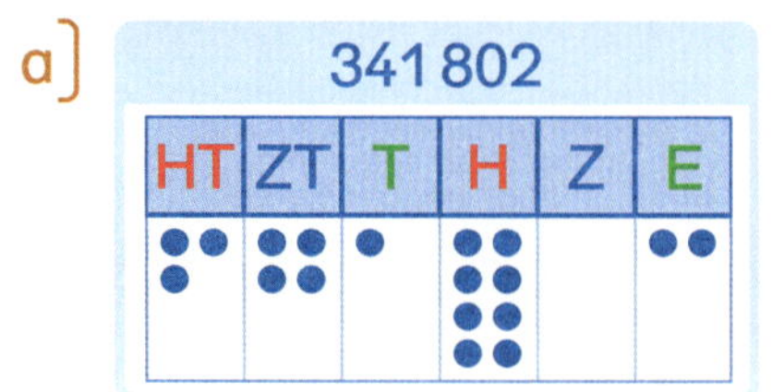

b) 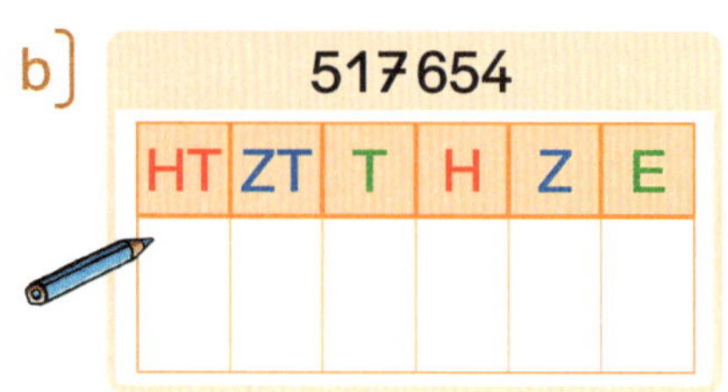

c) 402 750

HT	ZT	T	H	Z	E

3 Notiere die dargestellte Zahl.
Schreibe auf, welche Zahl daraus jeweils entsteht.

a) Lege an der Zehntausenderstelle ein Plättchen dazu.

b) Nimm an der Tausenderstelle ein Plättchen weg.

c) Halbiere die Anzahl der Plättchen an der Hunderttausenderstelle.

d) Verdopple die Anzahl der Plättchen an der Einerstelle.

* mit Plättchen in der Stellentafel dargestellte Zahlen bis 1 000 000 ablesen und notieren
* Zahlen mit Plättchen in der Stellentafel darstellen
* mit Plättchen in der Stellentafel dargestellte Zahl nach Vorgabe verändern und notieren

1 Verbinde Zahl und Zahlwort.

2 Schreibe die Zahlwörter als Zahlen.

a) einundzwanzigtausendfünfhundertdreiundvierzig — 21 543

b) vierhundertzehntausenddreihundertsiebzig

c) dreihundertsiebenundneunzigtausendachthundertfünf

3 Diktiert euch gegenseitig diese Zahlen.
Kontrolliert gemeinsam.

a) 36 417 b) 137 598 c) 888 444

d) fünfhundertachtzehntausendvierhundertsieben

e) zweihundertvierzigtausendfünfhundertdreiundachtzig

f) neunhundertdreiundsechzigtausendsiebenhundertachtundneunzig

Seite 21 Aufgabe 3
a) 3 6 4 1 7 b) ...

4 Nenne Zahlen.
Ein anderes Kind zeigt sie mit dem Zahlenschieber.
Wechselt auch die Rollen.

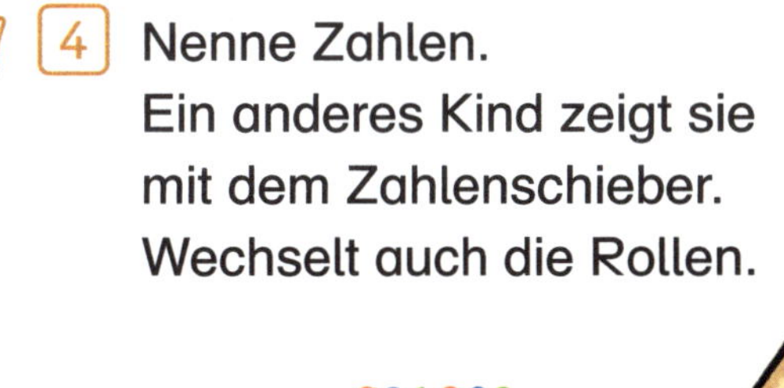

931 803

neunhundert-
einunddreißigtausend-
achthundertdrei

★ SF: Sprech- und Schreibweise von sechsstelligen Zahlen bewusst machen und anwenden
★ Zahlen bis 1 000 000 am Zahlenschieber darstellen und benennen

2 Zahlen am Zahlenstrahl ablesen

Von 200 000 bis 300 000 sind es zehn Schritte. Das sind Zehntausenderschritte.

200 000, 210 000, 220 000 ... 290 000, 300 000

120 000

0 | 100 000 | 200 000 | 300 000 | 400 000

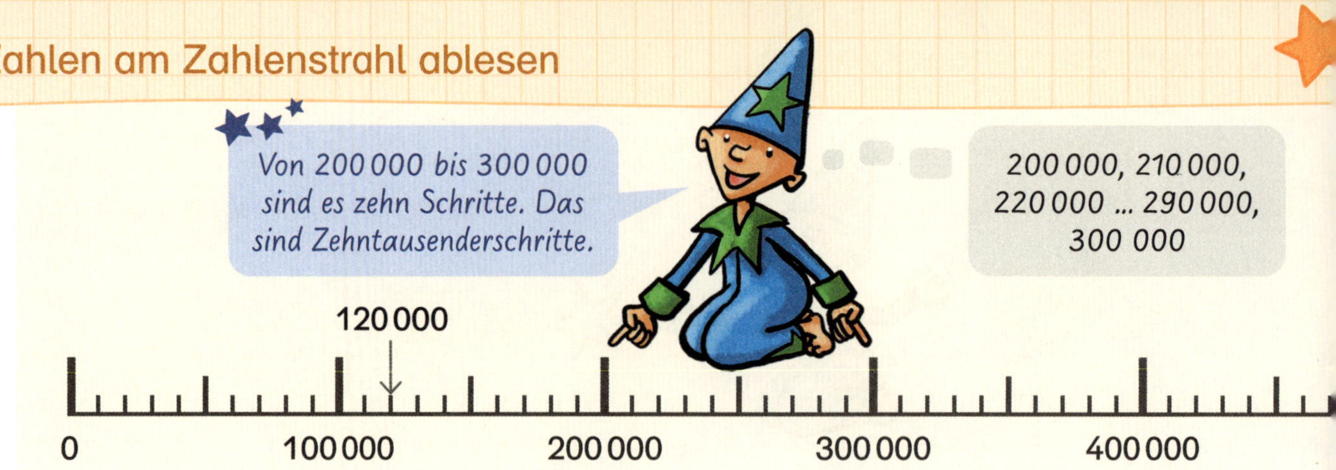

1 Trage die markierten Zahlen ein.

a) 70 000

0 100 000 200 000 300 000 400 000 500 000 600 000 700 000 800 000 900 000 1 000 000

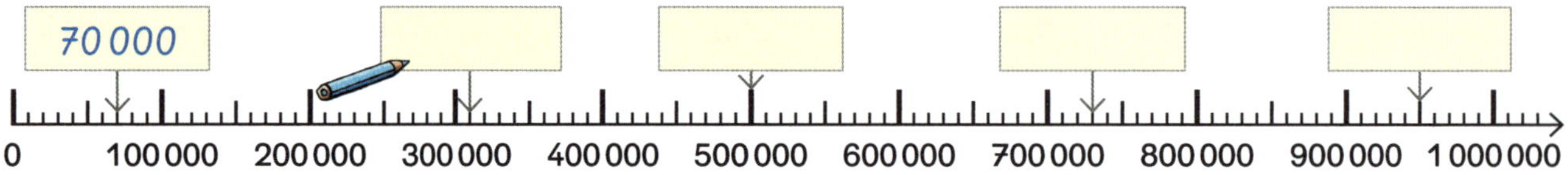

b)

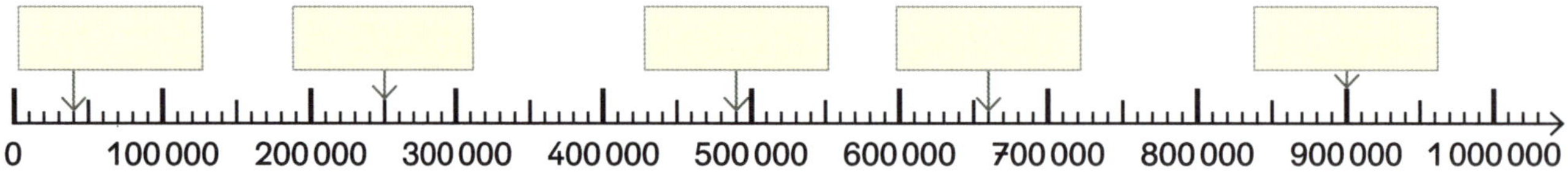

0 100 000 200 000 300 000 400 000 500 000 600 000 700 000 800 000 900 000 1 000 000

c)

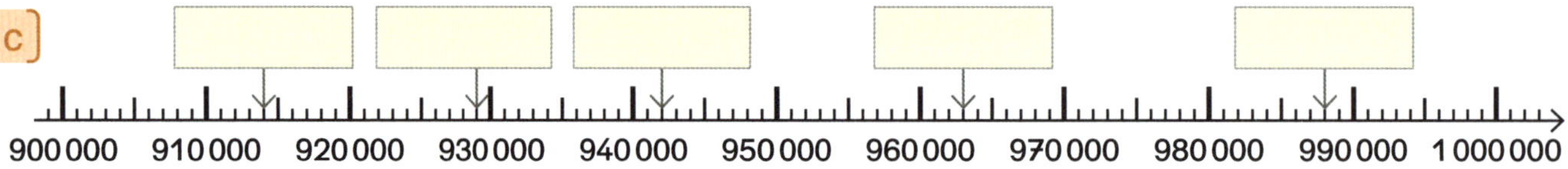

900 000 910 000 920 000 930 000 940 000 950 000 960 000 970 000 980 000 990 000 1 000 000

2 Bestimme, in welche Schritte der Zahlenstrahl eingeteilt ist. Verbinde.
Trage dann die markierte Zahl ein.

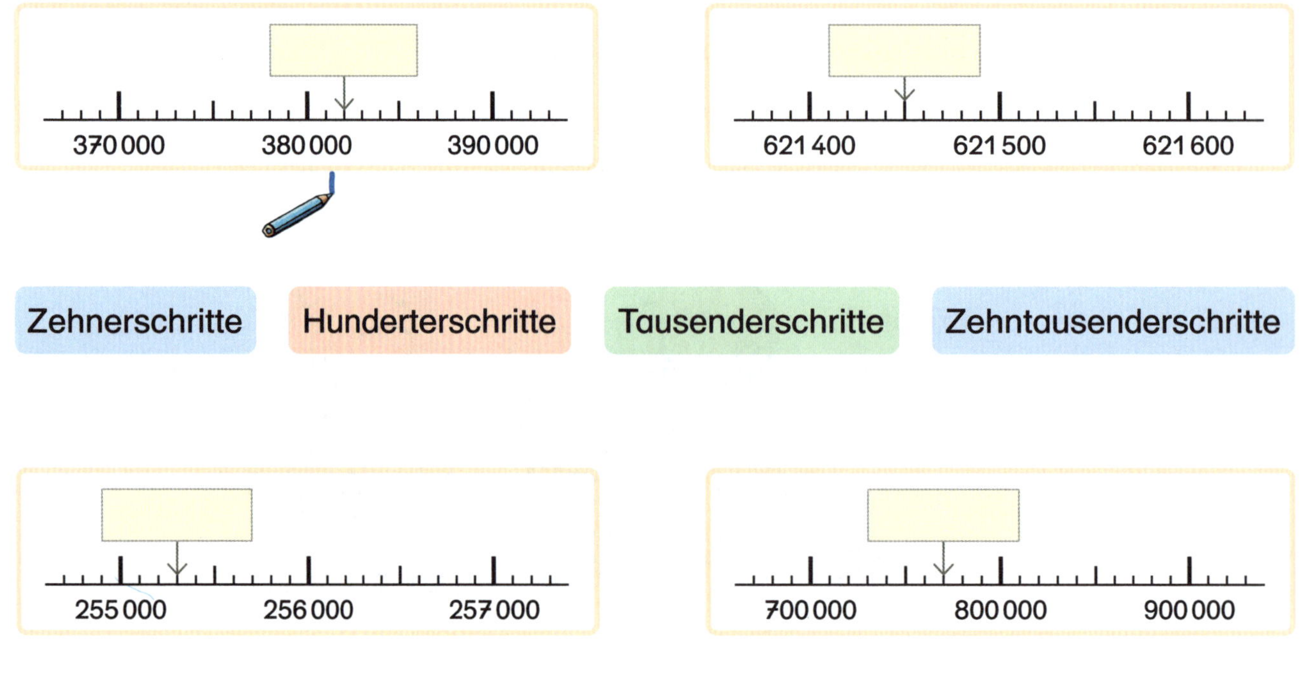

★ Zahlen am Zahlenstrahl ablesen ★ MK: Strukturen bei unterschiedlichen Skalen an Zahlenstrahlen erkennen und nutzen, markierte Zahlen ablesen

Nachbarzehntausender und Nachbarhunderttausender bestimmen

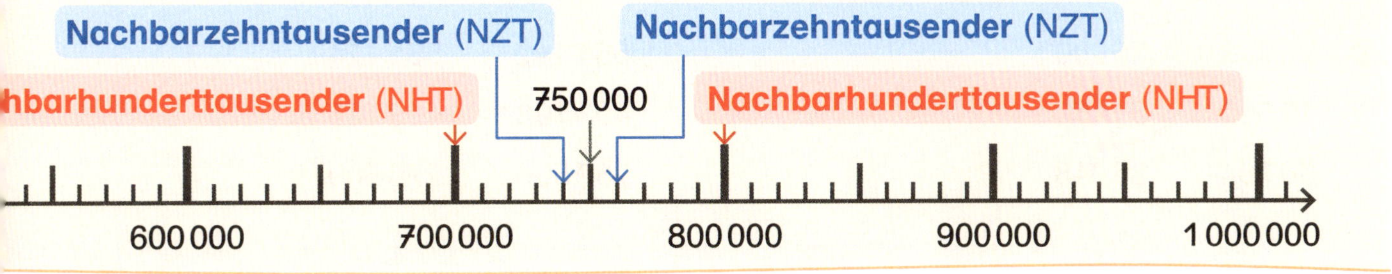

1 Trage die Nachbarzehntausender (NZT) ein.
Markiere den näher liegenden Zehntausender blau.

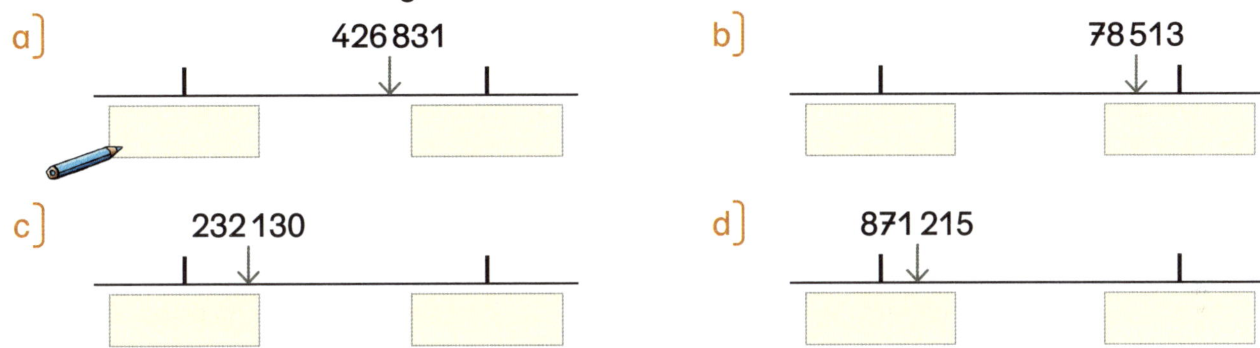

2 Trage die Nachbarhunderttausender (NHT) ein.
Markiere den näher liegenden Hunderttausender rot.

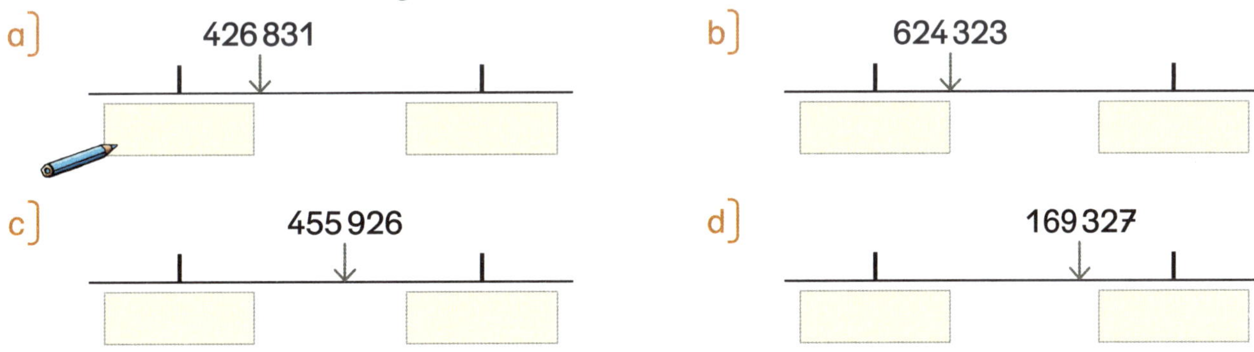

3 Trage die Nachbarzahlen ein.
Markiere die näher liegende Nachbarzahl:
Nachbarzehntausender blau, Nachbarhunderttausender rot.

a)

NZT	Zahl	NZT
	153 254	
	38 999	
	712 367	

b)

NHT	Zahl	NHT
	285 576	
	613 712	
	925 159	

★ Nachbarzehntausender und -hunderttausender bestimmen und jeweils näher bei der Ausgangszahl liegende Zahl markieren

ÜH 8 AH 10

1 Setze die Zeichen <, > oder = passend ein.

a) 74 999 (<) 75 000
19 510 ◯ 91 150
36 784 ◯ 36 748

b) 551 142 ◯ 551 124
493 108 ◯ 493 108
267 500 ◯ 276 500

2 Ergänze die Zahlen mit passenden Ziffern.

a) [6]3 415 > [2]3 415
5 [ ] 568 < 5 [ ] 568
74 [ ] 72 > 74 [ ] 72

b) [ ] 06 459 < [ ] 06 495
5 [ ] 7 300 > 5 [ ] 7 400
35 [ ] 2 [ ] 0 < 35 [ ] 230

3 Schreibe für jeden Platzhalter alle möglichen Ziffern auf.

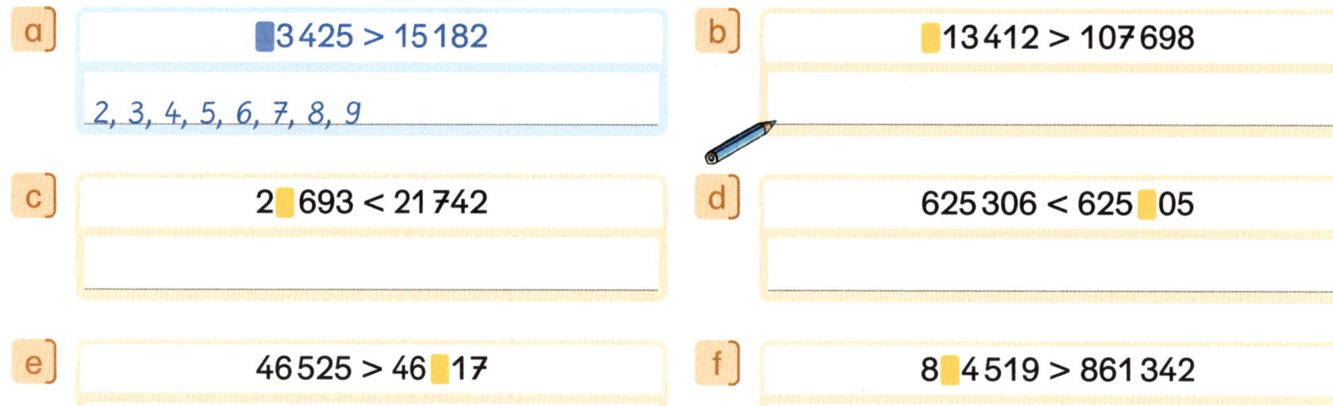

a) ▇3 425 > 15 182
2, 3, 4, 5, 6, 7, 8, 9

b) ▇13 412 > 107 698

c) 2▇693 < 21 742

d) 625 306 < 625▇05

e) 46 525 > 46▇17

f) 8▇4 519 > 861 342

4 Ordne die Zahlen der Größe nach.

a) Beginne mit der kleinsten Zahl.

75 660 | 65 076 | ~~57 606~~

57 606 <

356 765 | 765 356 | 563 657

b) Beginne mit der größten Zahl.

98 417 | 41 798 | 89 417

132 321 | 123 213 | 231 123

⋆ Zahlen vergleichen und passende Relationszeichen notieren ⋆ in vorgegebenen Ungleichungen mögliche fehlende bzw. alle möglichen fehlenden Ziffern ermitteln ⋆ Zahlen der Größe nach ordnen

1 Suche dir ein anderes Kind.
Zählt in den angegebenen Schritten.
Wechselt euch beim Sprechen ab.

in Zehnerschritten von 220 500 bis 220 600	in Hunderterschritten von 950 950 bis 949 750
in Tausenderschritten von 765 250 bis 775 250	in Zehntausenderschritten von 525 000 bis 425 000

in ...schritten von ... bis ...

2 Setze die Zahlenfolgen fort.

a)

immer +10

263 355	263 365				263 405

immer +100

473 880	473 980				474 380

immer +1 000

386 142	387 142				391 142

immer +100 000

60 560	160 560				560 560

b)

immer −10

138 030	138 020				137 980

immer −100

175 374	175 274				174 874

immer −1 000

272 420	271 420				267 420

immer −100 000

967 000	867 000				467 000

★ Zahlenfolgen mit verschiedenen Schrittfolgen vorwärts und rückwärts bilden und fortsetzen

Beim Runden wird immer der Nachbarzehner, -hunderter, -tausender ... angegeben, der näher bei der Zahl liegt.

Bei 5 Einern, Zehnern, Hundertern, Tausendern … wird immer auf den nächsthöheren Zehner, Hunderter, Tausender, Zehntausender … gerundet.

auf Zehner gerundet: 315672 ≈ 315670
auf Hunderter gerundet: 315672 ≈ 315700
auf Tausender gerundet: 315672 ≈ 316000
auf Zehntausender gerundet: 315672 ≈ 320000
auf Hunderttausender gerundet: 315672 ≈ 300000

1 Runde jeweils die Ausgangszahl auf die angegebenen Stellen.

Zahl	Hunderter	Tausender	Zehntausender	Hunderttausender
847542	847500	848000	850000	800000
524325				
170858				

2 Runde die Zahlen in folgenden Angaben.
Entscheide jeweils, auf welche Stelle du rundest.

a) 60449 Fans waren am Wochenende im Fußballstadion.
≈ ______

b) Der Mont Blanc ist mit 4810 m der höchste Berg Europas.
≈ ______

c) Für ein Konzert wurden 21997 Karten verkauft.
≈ ______

d) Von München nach Berlin sind es 587 km.
≈ ______

e) Die Wohnung kostet 249890 €.
≈ ______

f) 2022 wohnten 992666 Personen im Saarland.
≈ ______

3 Vergleicht eure Ergebnisse bei Aufgabe 2. Besprecht eure Überlegungen.

4 Findet Beispiele, bei denen genaue Zahlenangaben wichtig sind, und welche, bei denen gerundete Zahlenangaben ausreichen.

* Regeln beim Runden von Zahlen auf unterschiedliche Stellen anwenden
* aufgaben- und kontextbezogen auf unterschiedliche Stellen runden, **SF:** Auswahl begründen
* **SF:** Beispiele finden, bei denen Zahlen exakt bzw. gerundet angegeben werden sollten

1 Löse die Zahlenrätsel.

Patrick: Meine Zahl hat 5 Tausender, 0 Hunderter, 4 Zehner und 8 Einer.

Meral: Meine Zahl ist fünfstellig. Sie hat 2 Einer, 4 Zehner, 5 Hunderter, 6 Tausender. Ich kann sie auf 40 000 runden.

Lisa: Meine Zahl ist die größte sechsstellige Zahl.

Lena: Meine Zahl ist die kleinste ungerade Zahl zwischen 100 000 und 200 000.

Tobi: Meine Zahl liegt genau in der Mitte zwischen 150 000 und 160 000.

Paul: Meine Zahl hat nur vier Zehntausender, doppelt so viele Hunderter und zwei Einer.

2 Suche dir ein anderes Kind. Vergleicht eure Lösungen bei Aufgabe 1.

3 Schreibe selbst ein Zahlenrätsel für ein anderes Kind.

Seite 27 Aufgabe 3
...

4 Du hast diese Ziffernkärtchen: 3 5 6 8 1 7.
Verwende jedes Kärtchen pro Zahl jeweils nur einmal.
Bilde …

a) … beliebige sechsstellige Zahlen.

b) … die kleinstmögliche sechsstellige Zahl.

c) … die größtmögliche sechsstellige Zahl.

d) … eine Zahl, die du auf 583 700 runden kannst.

e) … eine Zahl, die doppelt so viele Hunderttausender wie Hunderter hat.

⋆ SF: Zahlenrätsel lösen und erstellen
⋆ aus Ziffernkärtchen nach Vorgabe sechsstellige Zahlen bilden

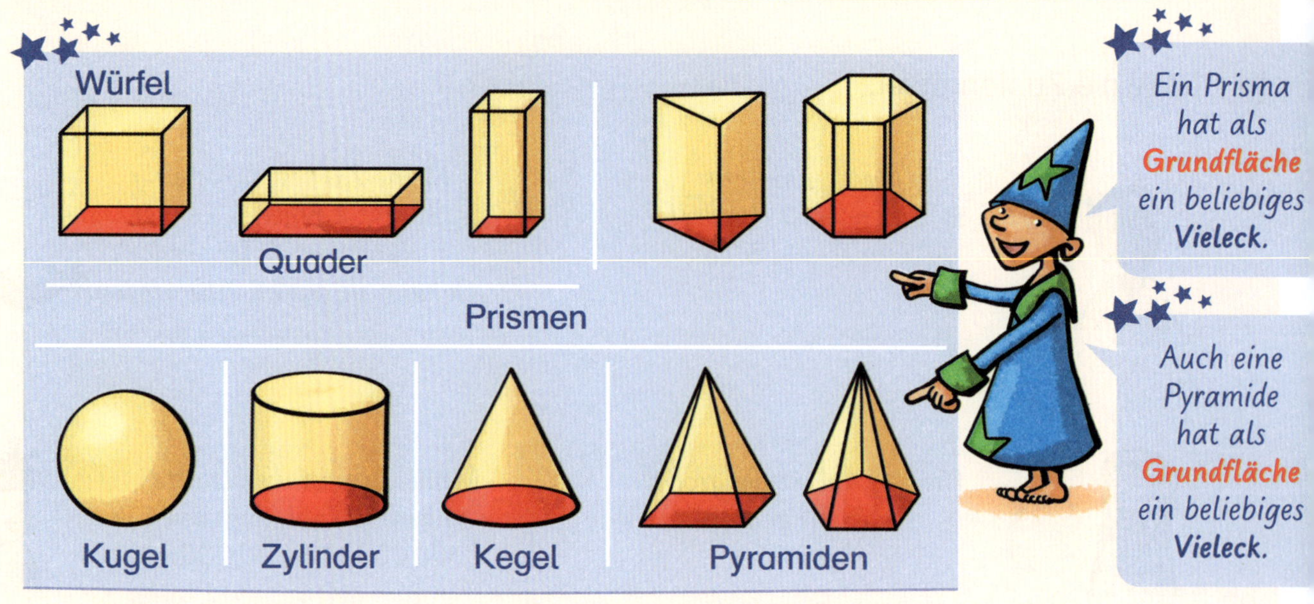

1 Entdeckt Beispiele für die oben abgebildeten Körperformen in eurer Umwelt.

2 Finde zu jeder Beschreibung einen passenden geometrischen Körper. Verbinde.

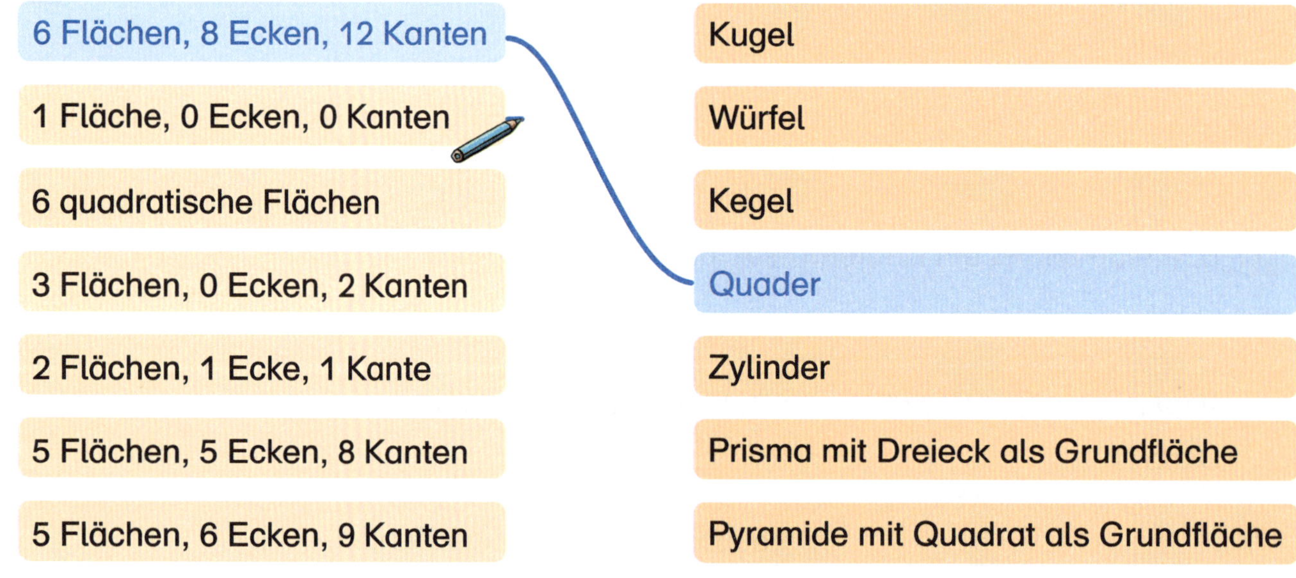

3 Kreuze passende Aussagen an.

- ◯ Ein Zylinder hat zwei kreisförmige Flächen.
- ◯ Beim Quader sind alle Kanten gleich lang.
- ◯ Jeder Würfel ist ein Quader.
- ◯ Ein Prisma ist auch eine Pyramide.
- ◯ Ein Quader ist auch ein Prisma.
- ◯ Eine Pyramide ist auch ein Kegel.

4 Beschreibt Eigenschaften von Kegel und Pyramide.
Findet Gemeinsamkeiten und Unterschiede.

★ Beispiele für verschiedene Körperformen im Alltag finden ★ SF: zu Beschreibungen mit Fachbegriffen jeweils einen geometrischen Körper finden ★ Aussagen zu Eigenschaften von geometrischen Körpern bewerten ★ SF: Eigenschaften von Pyramide und Kegel beschreiben

5 Verbinde die Körper mit dem jeweils passenden Netz.

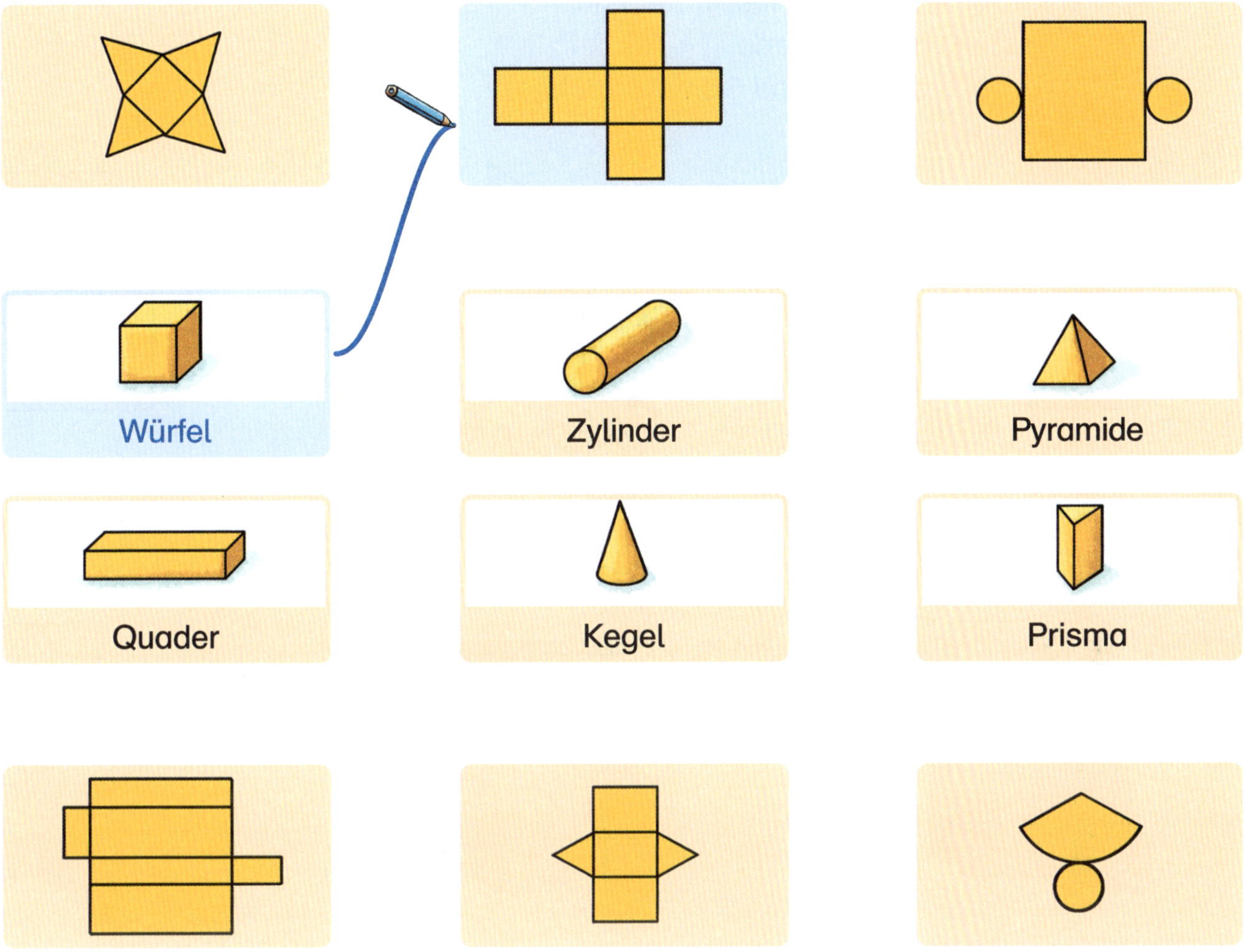

Würfel
Zylinder
Pyramide
Quader
Kegel
Prisma

6 Löse die Körper-Rätsel.

Mein Körper hat Dreiecke als Seitenflächen.

Mai-Lin

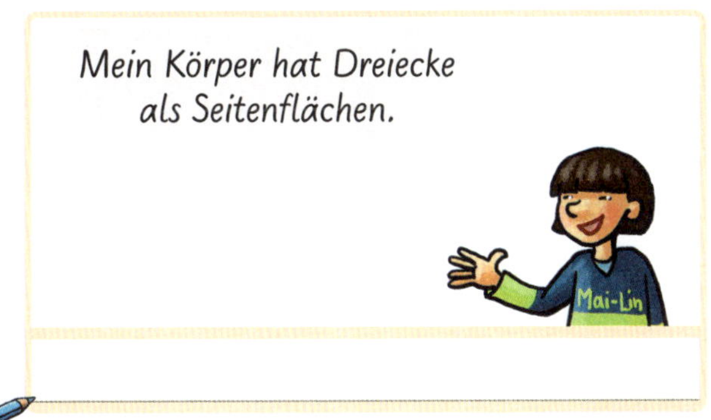

Mein Körper hat zwei Kreise und ein Rechteck als Flächen.

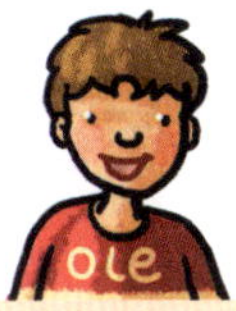

Ole

7 Schreibe ein Körper-Rätsel für ein anderes Kind.
Verwende dabei Fachbegriffe.

Ecke | Kante | Grundfläche | Seitenfläche

Seite 29 Aufgabe 7
...

⋆ geometrischen Körpern Körpernetze passend zuordnen
⋆ SF: Rätselaufgaben zu geometrischen Körpern lösen
⋆ SF: Rätselaufgaben zu geometrischen Körpern erstellen, Fachbegriffe anwenden

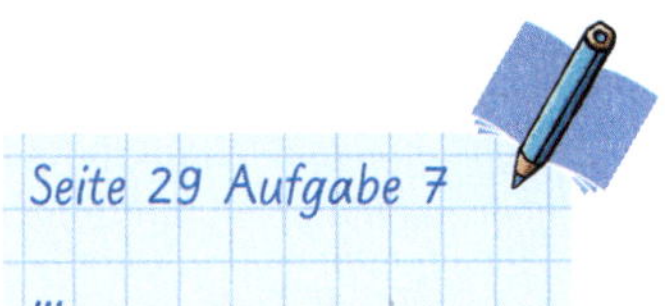

1 Baut die beiden abgebildeten Würfelbauten mit Steckwürfeln oder mit Holzwürfeln nach. Vergleicht diese anschließend. Beschreibt Unterschiede und Gemeinsamkeiten.

2 Ordne jedem Würfelbau den passenden Bauplan zu.

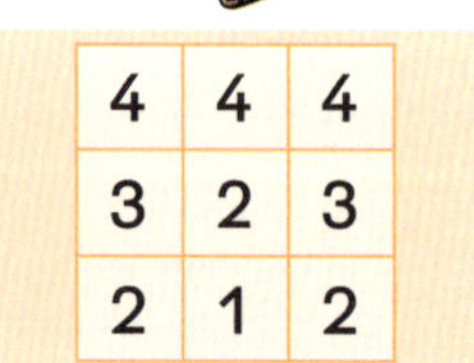

4	4	4
3	2	3
2	1	2

4	2	3
3	2	1
1	0	0

1	3	2
2	3	1
3	3	0

3 Erstelle zu jedem Würfelbau einen passenden Bauplan.

a) 

b) 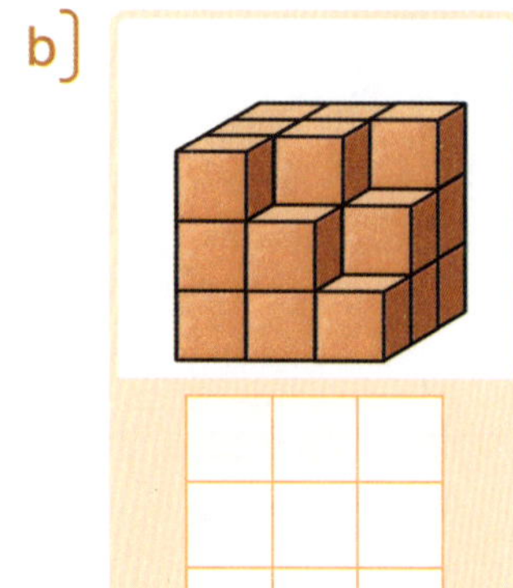

c) 

★ SF: abgebildete Würfelbauten nachbauen, Unterschiede und Gemeinsamkeiten beschreiben
★ Würfelbauten und Baupläne passend zuordnen
★ zu vorgegebenen Würfelbauten Baupläne erstellen

Schrägbilder im Gitterraster zeichnen

Damit die nach hinten verlaufenden Würfelkanten sichtbar sind, zeichne ich sie schräg ein. Ich zeichne diese Kanten ungefähr halb so lang wie die anderen. Eine solche Abbildung heißt **Schrägbild**.

1 Vervollständige die Schrägbilder zu Würfeln.

a) 

b) 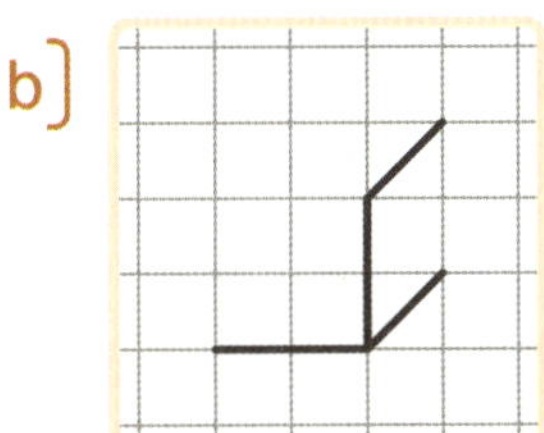

c) 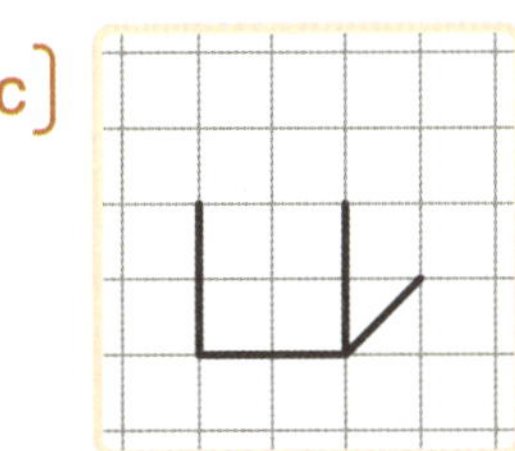

2 Zeichne die als Schrägbilder dargestellten Würfelbauten ab.

a) 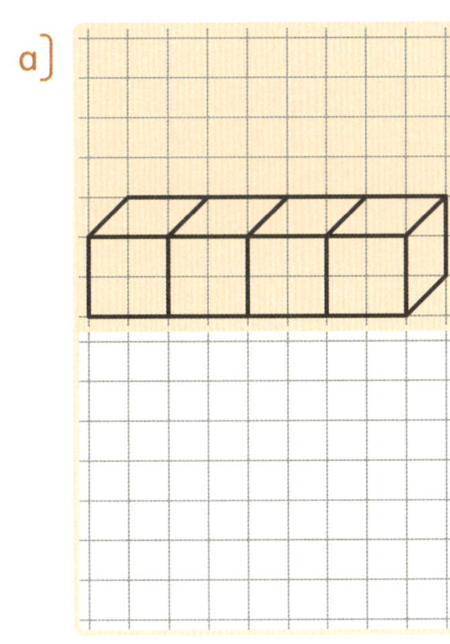

b) 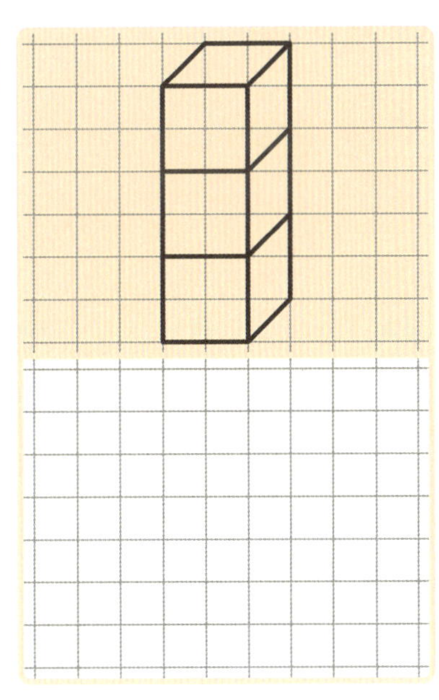

c) 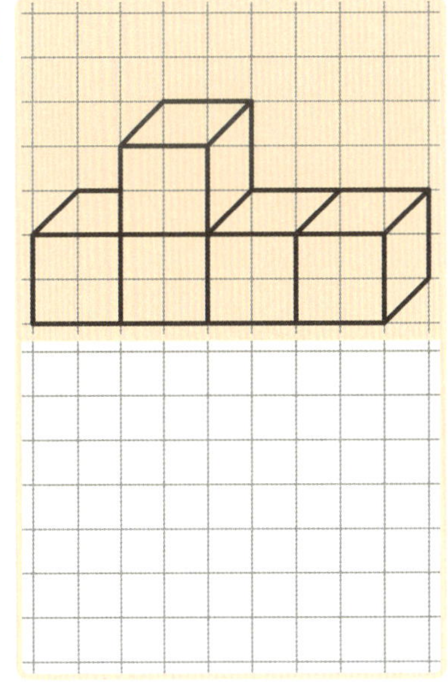

3 Zeichne den abgebildeten Würfelbau als Schrägbild …

a) … von vorn. 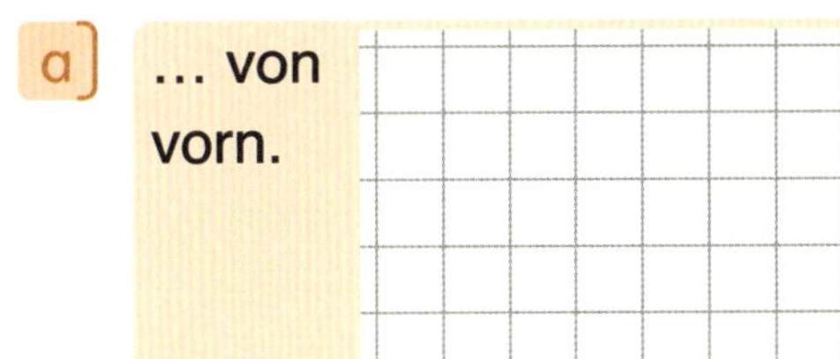

b) … von hinten. 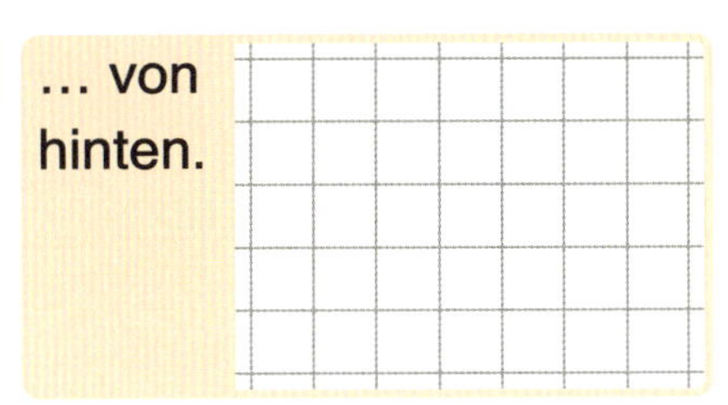

Schrägbilder im Punkteraster zeichnen

1 Vervollständige die Schrägbilder zu Würfeln.

a) b) c)

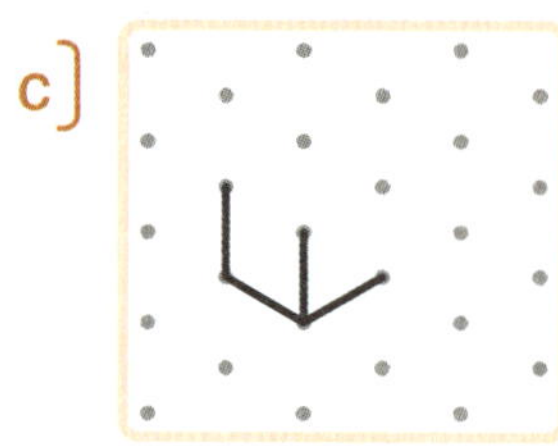

2 Vergleicht die in Aufgabe 1 gezeichneten Würfel mit den auf Seite 31 im Gitterraster gezeichneten Würfeln.

3 Zeichne die als Schrägbilder dargestellten Würfelbauten ab.

a)

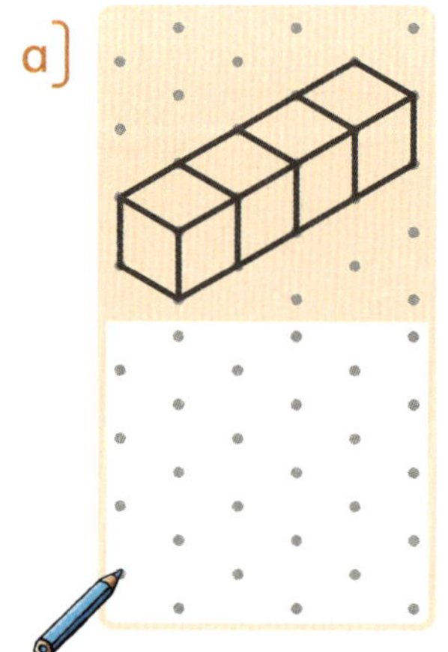

b)

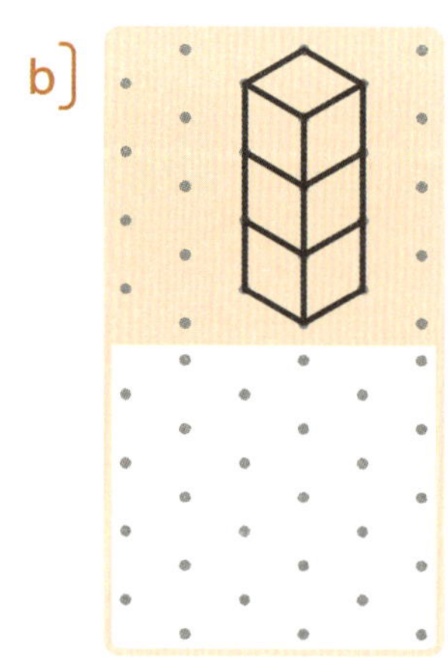

c)

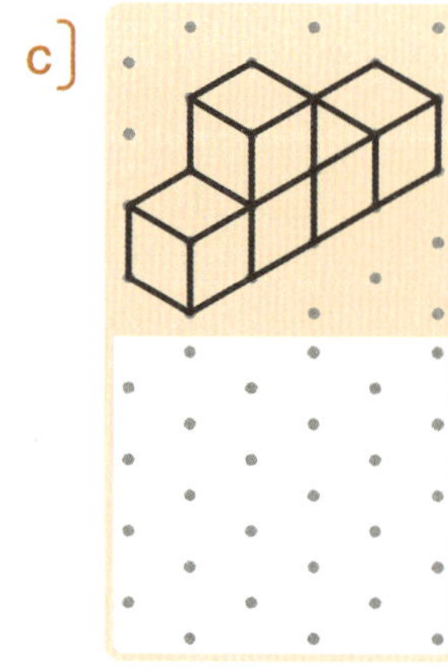

4 Zeichne die abgebildeten Würfelbauten als Schrägbilder im Punkteraster.

a)

b)

⭑ im Punkteraster Schrägbilder zu Würfeln vervollständigen ⭑ im Gitter- und im Punkteraster gezeichnete Würfel miteinander vergleichen ⭑ im Punkteraster dargestellte Schrägbilder von Würfelbauten abzeichnen ⭑ vorgegebene Würfelbauten im Punkteraster als Schrägbilder zeichnen

Würfelbauten aus verschiedenen Ansichten im Punkteraster zeichnen

1 Ordne die gezeichneten Ansichten zu.
Umrande in der Farbe des Auges.

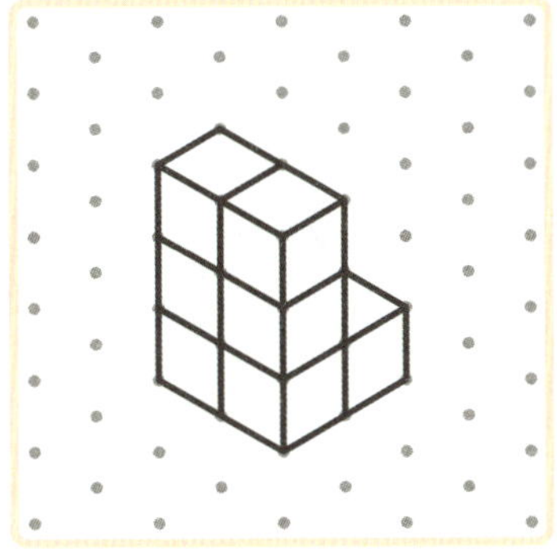
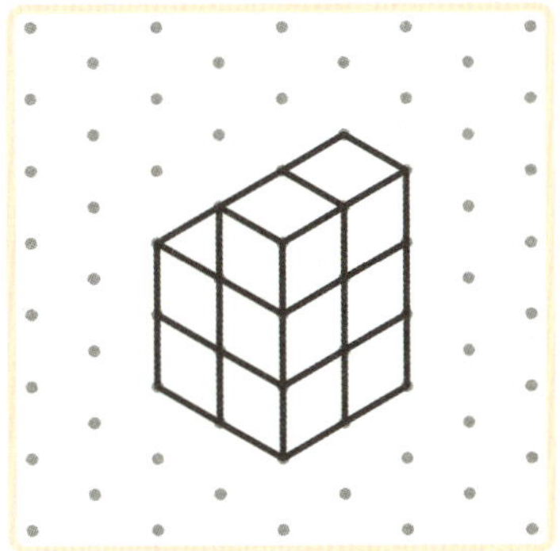

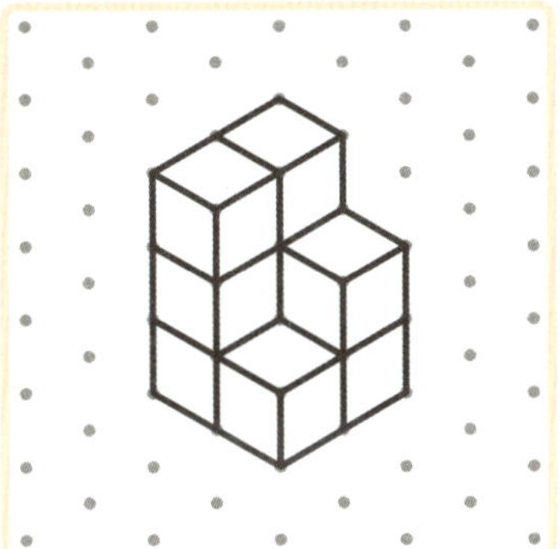
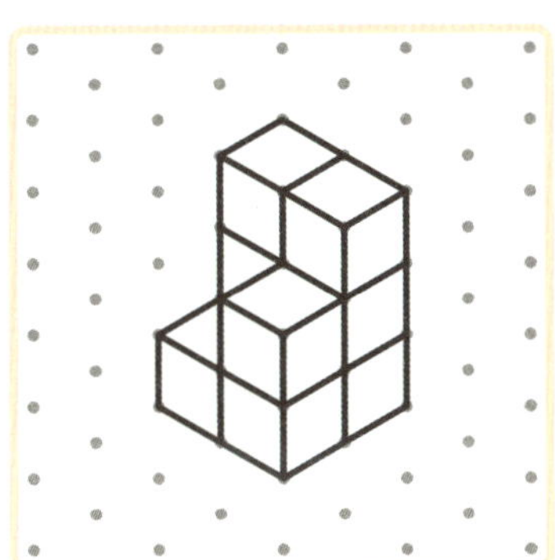

2 Suche dir zwei Richtungen aus.
Zeichne den Würfelbau als Schrägbild aus den ausgewählten Richtungen.

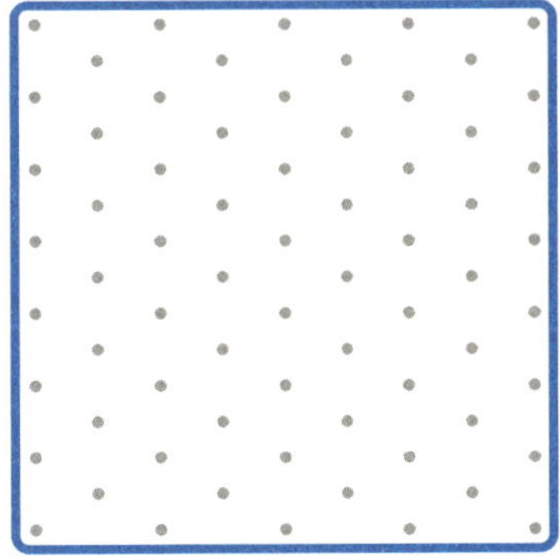
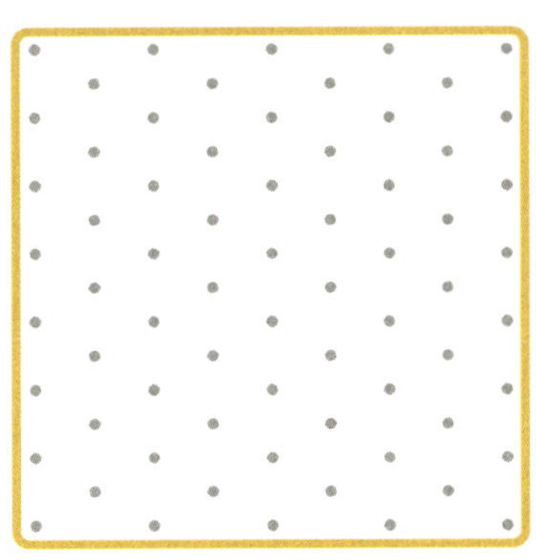

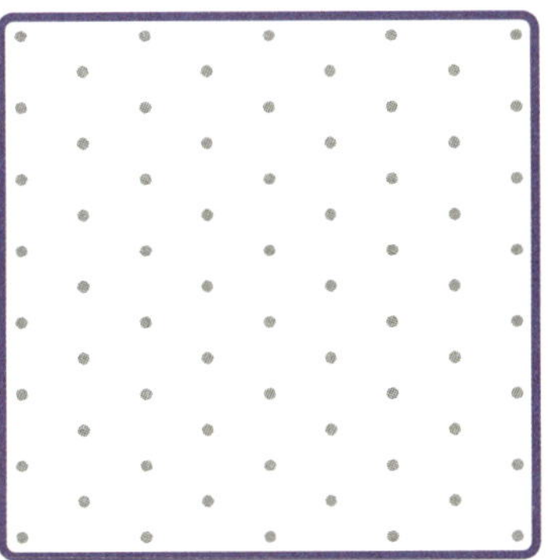
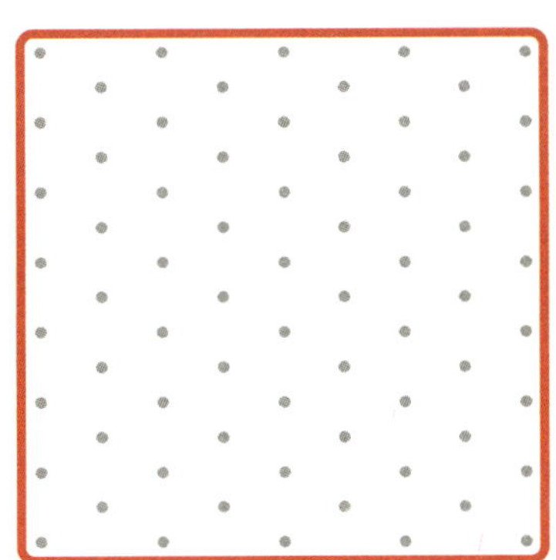

★ zu einem vorgegebenen Würfelbau die Schrägbilder aus verschiedenen Betrachtungsrichtungen im Punkteraster zuordnen und zeichnen

Das Fassungsvermögen von Körpern wird **Rauminhalt** genannt.
Um den Rauminhalt von Quadern zu bestimmen, kann man den Quader vollständig mit Einheitswürfeln auslegen. Die Anzahl der Einheitswürfel gibt dann den Rauminhalt an.

1 Bestimme jeweils den Rauminhalt des Quaders.

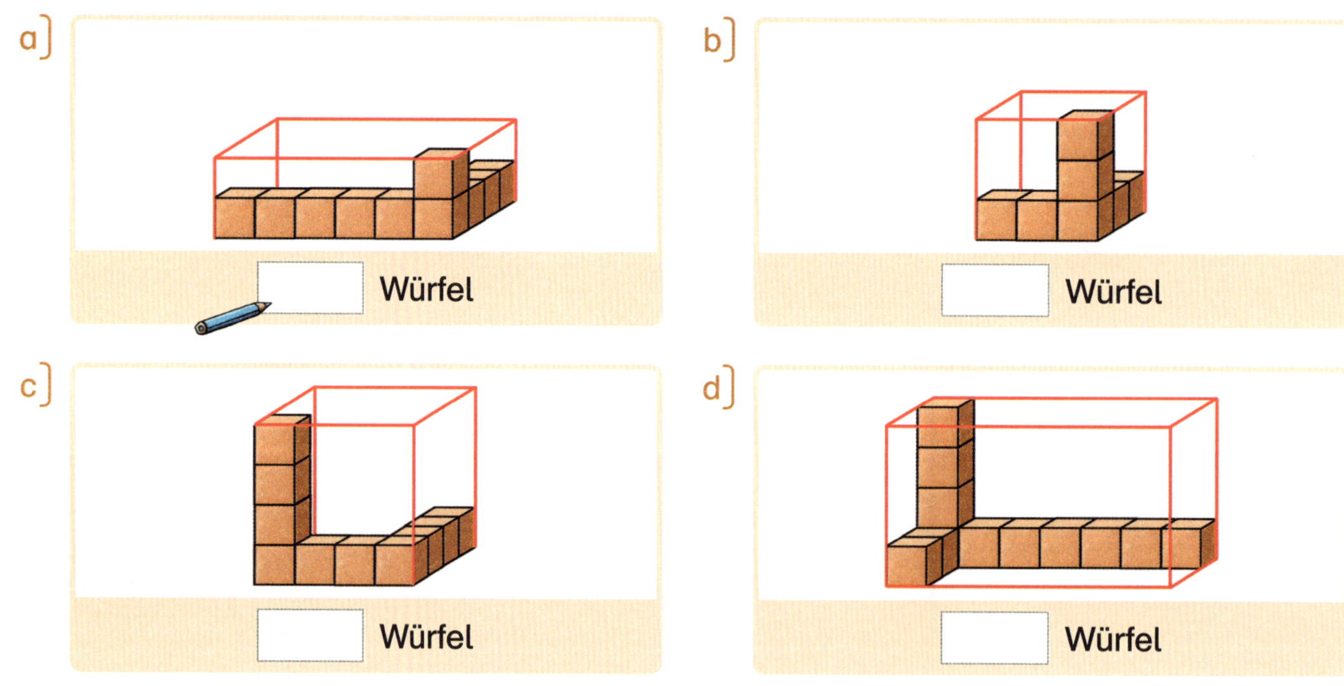

2 Schätzt zuerst, welcher Quader den größeren Rauminhalt hat.
Beschreibt, wie ihr vorgeht. Überprüft eure Schätzergebnisse.
Bestimmt dazu den Rauminhalt beider Quader genau.

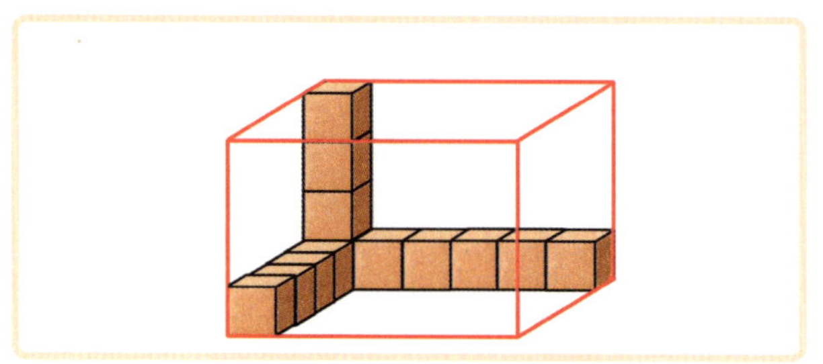

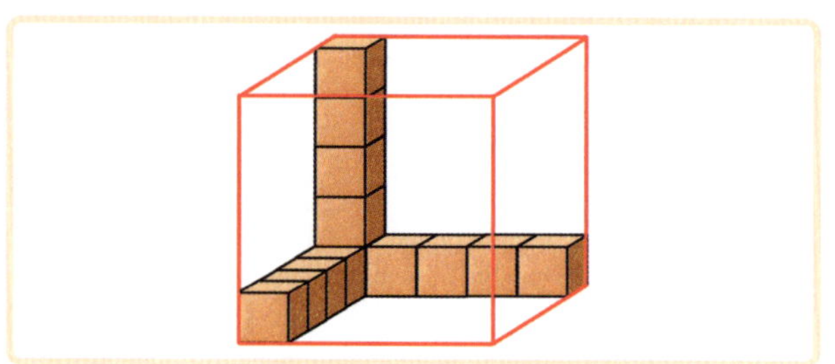

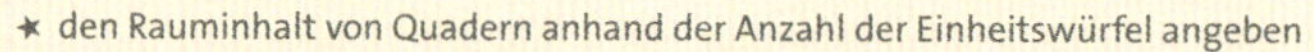

★ den Rauminhalt von Quadern anhand der Anzahl der Einheitswürfel angeben
★ **SF:** Überlegungen und Vorgehensweisen beim Schätzen von Rauminhalten mit einem anderen Kind austauschen und Schätzergebnisse überprüfen

1 Bestimme die Anzahl der fehlenden Würfel.

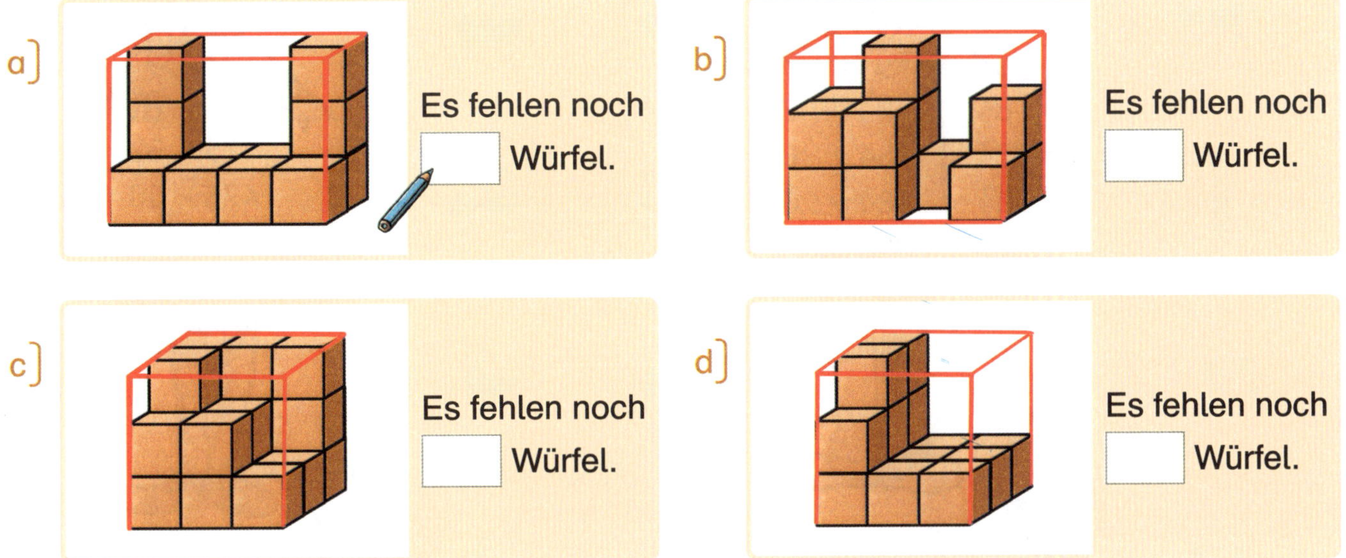

2 Verbinde jeweils zwei Würfelbauten so, dass sie zusammen einen Quader ergeben.

★ bei vorgegebenen Würfelbauten die Anzahl fehlender Einzelwürfel zu einem Quader ermitteln ★ jeweils zwei Würfelbauten zuordnen, sodass zusammen ein vollständiger Quader entsteht

Tim: Mir helfen die verwandten Aufgaben.

24 + 60 = 84	84 − 60 = 24
324 + 60 = 384	584 − 60 = 524
324 + 260 = 584	584 − 260 = 324

Lisa: Ich rechne in Schritten.

423 + 53 = 476	476 − 53 = 423
423 + 50 = 473	476 − 50 = 426
473 + 3 = 476	426 − 3 = 423

Lea: Ich rechne schriftlich.

```
  351      587
+ 236    - 236
-----    -----
  587      351
```

Paul: Manche Aufgaben löse ich geschickt im Kopf.

437 + 198 = 635   635 − 198 = 437

Das kannst du schon.

1 Beschreibt, wie Tim, Lisa, Lea und Paul die Aufgaben lösen. Würdet ihr die Aufgaben genauso lösen oder auf anderen Wegen? Besprecht, welche Rechenwege ihr für die Aufgaben nehmen würdet.

2 Finde zu jedem von den Kindern vorgestellten Rechenweg jeweils zwei Aufgaben, die du auf dem gleichen Weg lösen würdest. Notiere sie.

Seite 36 Aufgabe 2
Rechenweg von Tim: ...

3 Löse die Aufgaben mit deinem Rechenweg in deinem Heft.

a) 532 + 260 = ▢
345 + 299 = ▢
436 + 59 = ▢

b) 867 − 398 = ▢
582 − 39 = ▢
654 − 320 = ▢

⋆ SF: vorgestellte Rechenwege bei der Addition und Subtraktion beschreiben, vergleichen und bewerten ⋆ den eigenen Rechenweg bei selbst gefundenen und vorgegebenen Additions- und Subtraktionsaufgaben anwenden

4 Löse die Aufgaben.
Kontrolliere die Ergebnisse. Die Lösungszahlen findest du in den Sternen.

a) 537 + 300 = 837
723 + 200 =
189 + 600 =

b) 612 + 60 =
234 + 50 =
361 + 80 =

c) 483 + 5 =
934 + 9 =
297 + 6 =

284 303 441 488 672 789 ~~837~~ 923 943

d) 912 – 500 =
847 – 300 =
791 – 400 =

e) 592 – 80 =
786 – 60 =
948 – 70 =

f) 368 – 5 =
513 – 7 =
202 – 6 =

196 363 391 412 506 512 547 726 878

5 Löse die Aufgaben. Kontrolliere selbst.

a) 441 + 230 = 671
254 + 540 =
187 + 460 =

b) 612 + 43 =
438 + 56 =
281 + 35 =

c) 432 + ☐ = 692
215 + ☐ = 287
568 + ☐ = 718

150 260 316 494 647

d) 786 – 140 =
653 – 430 =
535 – 360 =

e) 876 – 51 =
392 – 36 =
728 – 63 =

f) 683 – ☐ = 253
978 – ☐ = 935
428 – ☐ = 188

223 240 356 430 646 665 825

⭑ Additions- und Subtraktionsaufgaben lösen
⭑ den fehlenden Summanden und Subtrahenden ergänzen

4 Mithilfe von Analogieaufgaben addieren

27 +	5 =	32
27T	+ 5T	= 32T
27 000 +	5 000 =	32 000
27 600 +	5 000 =	32 600

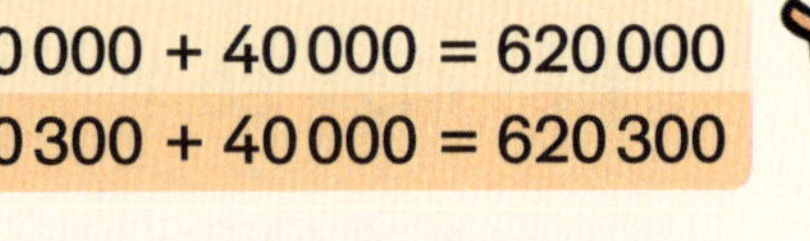

580 +	40 =	620
580T	+ 40T	= 620T
580 000 +	40 000 =	620 000
580 300 +	40 000 =	620 300

Verwandte Aufgaben nennt man **Analogieaufgaben**.

1 Löse die Analogieaufgaben.

a)

33 + 6 = ____

33T + 6T = ____

33 000 + 6 000 = ____

33 200 + 6 000 = ____

b)

710 + 70 = ____

710T + 70T = ____

710 000 + 70 000 = ____

710 100 + 70 000 = ____

2 Finde und löse zuerst die kleinen Aufgaben.

a)

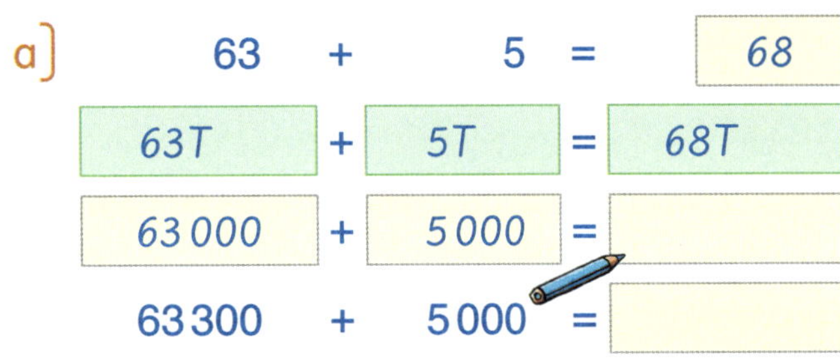

63	+	5	=	68
63T	+	5T	=	68T
63 000	+	5 000	=	
63 300	+	5 000	=	

b)

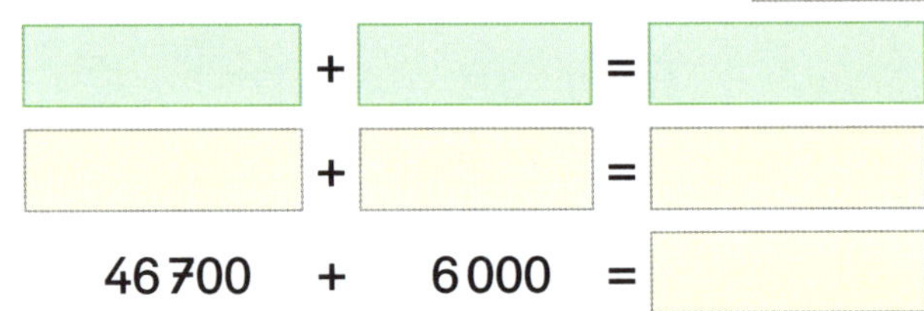

46	+	6	=	
	+		=	
	+		=	
46 700	+	6 000	=	

c)

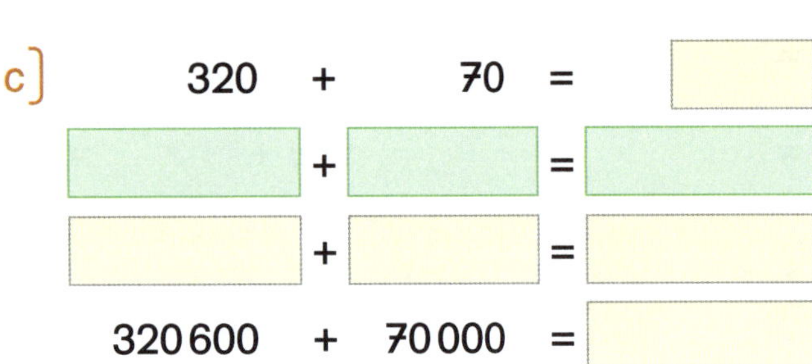

320	+	70	=	
	+		=	
	+		=	
320 600	+	70 000	=	

d)

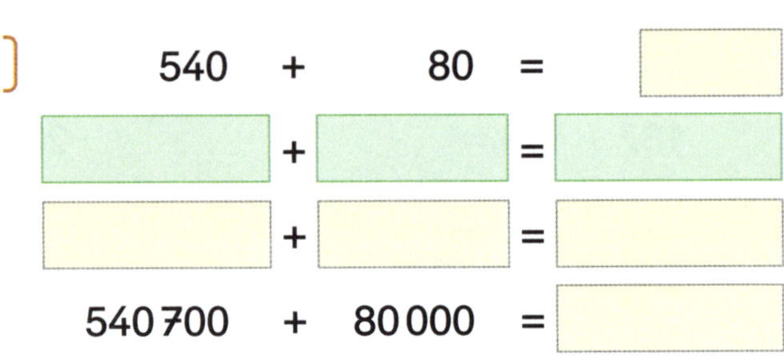

540	+	80	=	
	+		=	
	+		=	
540 700	+	80 000	=	

3 Löse die Aufgaben mithilfe der kleinen Aufgaben im Kopf.

a)

41 500 + 8 000 = 49 500

85 200 + 4 000 = ____

56 800 + 5 000 = ____

b)

250 700 + 30 000 = ____

420 300 + 40 000 = ____

760 200 + 70 000 = ____

* Tausender und Zehntausender mithilfe von Analogieaufgaben addieren
* **MK:** Strukturen erkennen und nutzen

71 –	4 =	67
71T	– 4T	= 67T
71 000 –	4 000 =	67 000
71 600 –	4 000 =	67 600

420 –	50 =	370
420T	– 50T	= 370T
420 000 –	50 000 =	370 000
420 100 –	50 000 =	370 100

Beim Subtrahieren helfen mir auch die Analogieaufgaben.

1 Löse die Analogieaufgaben.

a)
59 – 7 = ___
59T – 7T = ___
59 000 – 7 000 = ___
59 400 – 7 000 = ___

b)
370 – 40 = ___
370T – 40T = ___
370 000 – 40 000 = ___
370 800 – 40 000 = ___

2 Finde und löse zuerst die kleinen Aufgaben.

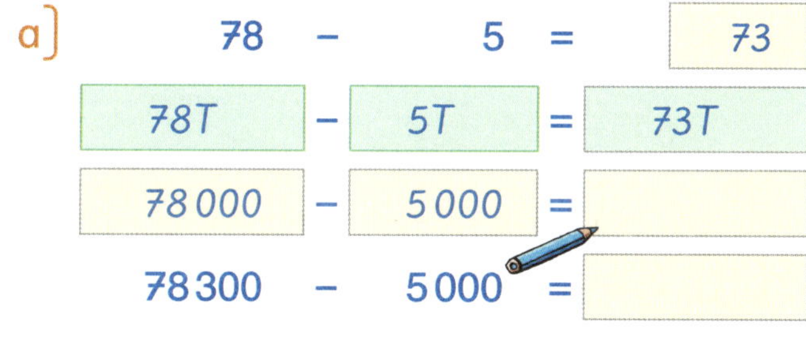

a)

78	–	5	=	73
78T	–	5T	=	73T
78 000	–	5 000	=	
78 300	–	5 000	=	

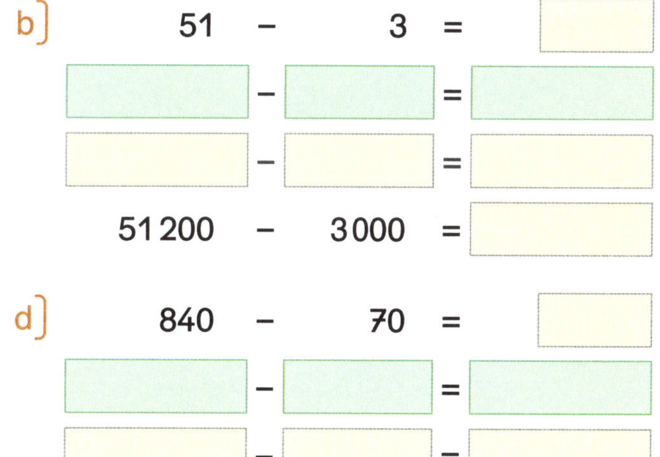

b)

51	–	3	=	
	–		=	
	–		=	
51 200	–	3 000	=	

c)

970	–	60	=	
	–		=	
	–		=	
970 400	–	60 000	=	

d)

840	–	70	=	
	–		=	
	–		=	
840 500	–	70 000	=	

3 Löse die Aufgaben mithilfe der kleinen Aufgaben im Kopf.

a)
68 100 – 7 000 = 61 100
48 200 – 3 000 = ___
22 500 – 5 000 = ___

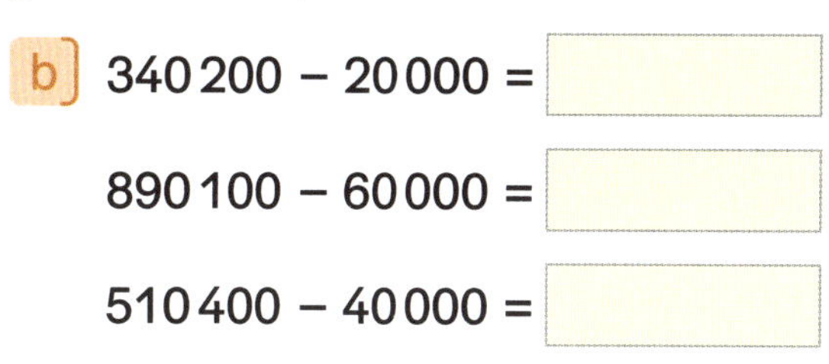

b)
340 200 – 20 000 = ___
890 100 – 60 000 = ___
510 400 – 40 000 = ___

⭑ Tausender und Zehntausender mithilfe von Analogieaufgaben subtrahieren
⭑ **MK:** Strukturen erkennen und nutzen

ÜH 15

Einer, Zehner und Hunderter addieren

74 + 8 = 82	64 + 60 = 124	200 + 400 = 600
574 + 8 = 582	264 + 60 = 324	284 + 400 = 684
34574 + 8 = 34582	65264 + 60 = 65324	56284 + 400 = 56684

Die kleinen Aufgaben helfen beim Addieren von Einern, Zehnern und Hundertern.

1 Betrachtet die oben abgebildeten Analogieaufgaben.
Besprecht, welche Stellen der Zahlen gleich bleiben und welche sich verändern.
Sucht Begründungen.

2 Löse die Analogieaufgaben.

a) 453 + 6 = ☐
47453 + 6 = ☐

b) 527 + 40 = ☐
39527 + 40 = ☐

c) 249 + 600 = ☐
51249 + 600 = ☐

3 Finde und löse zuerst die kleine Aufgabe.

a) 781 + 7 = ☐
61781 + 7 = ☐

b) ☐ + ☐ = ☐
152464 + 5 = ☐

c) ☐ + ☐ = ☐
83552 + 40 = ☐

d) ☐ + ☐ = ☐
244682 + 30 = ☐

e) ☐ + ☐ = ☐
48232 + 500 = ☐

f) ☐ + ☐ = ☐
392451 + 800 = ☐

4 Löse die Aufgaben im Kopf. Denke an die kleine Aufgabe.

a) 827 + 7 = ☐
6827 + 7 = ☐
83827 + 7 = ☐
162827 + 7 = ☐

b) 563 + 30 = ☐
4563 + 30 = ☐
31563 + 30 = ☐
542563 + 30 = ☐

c) 431 + 400 = ☐
2431 + 400 = ☐
95431 + 400 = ☐
384431 + 400 = ☐

AH 14

★ Einer, Zehner und Hunderter mithilfe von Analogieaufgaben addieren
★ **MK:** Strukturen erkennen und nutzen

Einer, Zehner und Hunderter subtrahieren

63 − 5 = 58	123 − 40 = 83	800 − 500 = 300
763 − 5 = 758	823 − 40 = 783	891 − 500 = 391
65763 − 5 = 65758	92823 − 40 = 92783	63891 − 500 = 63391

Die kleinen Aufgaben helfen beim Subtrahieren von Einern, Zehnern und Hundertern.

1 Betrachtet die oben abgebildeten Analogieaufgaben.
Besprecht, welche Stellen der Zahlen gleich bleiben und welche sich verändern.
Sucht Begründungen.

2 Löse die Analogieaufgaben.

a) 589 − 3 = ☐
73589 − 3 = ☐

b) 690 − 50 = ☐
27690 − 50 = ☐

c) 617 − 400 = ☐
95617 − 400 = ☐

3 Finde und löse zuerst die kleine Aufgabe.

a) 377 − 4 = ☐
65377 − 4 = ☐

b) ☐ − ☐ = ☐
392581 − 3 = ☐

c) ☐ − ☐ = ☐
32493 − 70 = ☐

d) ☐ − ☐ = ☐
241538 − 60 = ☐

e) ☐ − ☐ = ☐
85623 − 400 = ☐

f) ☐ − ☐ = ☐
173215 − 800 = ☐

4 Löse die Aufgaben im Kopf. Denke an die kleine Aufgabe.

a) 751 − 6 = ☐
8751 − 6 = ☐
57751 − 6 = ☐
402751 − 6 = ☐

b) 881 − 60 = ☐
2881 − 60 = ☐
79881 − 60 = ☐
315881 − 60 = ☐

c) 513 − 400 = ☐
9513 − 400 = ☐
16513 − 400 = ☐
742513 − 400 = ☐

★ Einer, Zehner und Hunderter mithilfe von Analogieaufgaben subtrahieren
★ **MK:** Strukturen erkennen und nutzen

1 Löse die Aufgaben.
Du kannst den Zahlenschieber als Hilfe nutzen.

a)
7 + 10 = 17
7 + 100 =
7 + 1 000 =
7 + 10 000 =
7 + 100 000 =

b)
10 + 8 =
100 + 8 =
1 000 + 8 =
10 000 + 8 =
100 000 + 8 =

2 Löse die Aufgaben.

a)
345 267 + 10 = 345 277
345 267 + 100 =
345 267 + 1 000 =
345 267 + 10 000 =
345 267 + 100 000 =

b)
546 849 + 10 =
546 849 + 100 =
546 849 + 1 000 =
546 849 + 10 000 =
546 849 + 100 000 =

3 Betrachtet die Aufgaben und Ergebnisse bei den Aufgaben 1 und 2.
Beschreibt die Veränderungen. Findet Begründungen.

Einerstelle | Zehnerstelle | ...stelle
bleibt gleich | verändert sich | wird um 1 größer

4 Löse die Aufgaben.

a)
36 400 + 2 = 36 402
36 400 + 20 =
36 400 + 200 =
36 400 + 2 000 =
36 400 + 20 000 =
36 400 + 200 000 =

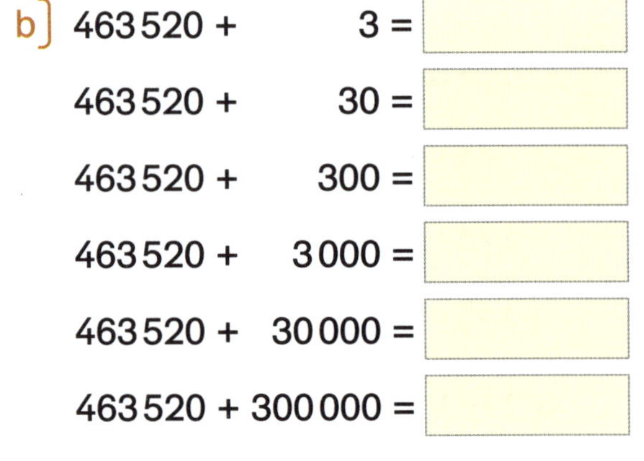

b)
463 520 + 3 =
463 520 + 30 =
463 520 + 300 =
463 520 + 3 000 =
463 520 + 30 000 =
463 520 + 300 000 =

★ bei Aufgabenreihen mit Stufenzahlen stellengerecht addieren, ggf. Zahlenschieber als Hilfsmittel nutzen ★ SF: in Abhängigkeit eines Summanden Veränderungen der Summe in Aufgabenreihen beschreiben und begründen ★ stellengerecht addieren

Stellengerecht subtrahieren

1 Löse die Aufgaben.
Du kannst den Zahlenschieber als Hilfe nutzen.

a)
999 999 – 1 = 999 998
999 999 – 10 =
999 999 – 100 =
999 999 – 1 000 =
999 999 – 10 000 =
999 999 – 100 000 =

b)
777 777 – 100 000 =
777 777 – 10 000 =
777 777 – 1 000 =
777 777 – 100 =
777 777 – 10 =
777 777 – 1 =

2 Löse die Aufgaben.

a)
249 620 – 10 = 249 610
249 620 – 100 =
249 620 – 1 000 =
249 620 – 10 000 =
249 620 – 100 000 =

b)
852 674 – 10 =
852 674 – 100 =
852 674 – 1 000 =
852 674 – 10 000 =
852 674 – 100 000 =

3 Betrachtet die Aufgaben und Ergebnisse bei den Aufgaben 1 und 2.
Beschreibt die Veränderungen. Findet Begründungen.

Einerstelle | Zehnerstelle | ...stelle
bleibt gleich | verändert sich | wird um 1 kleiner

4 Löse die Aufgaben.

a)
45 967 – 3 = 45 964
45 967 – 30 =
45 967 – 300 =
45 967 – 3 000 =
45 967 – 30 000 =

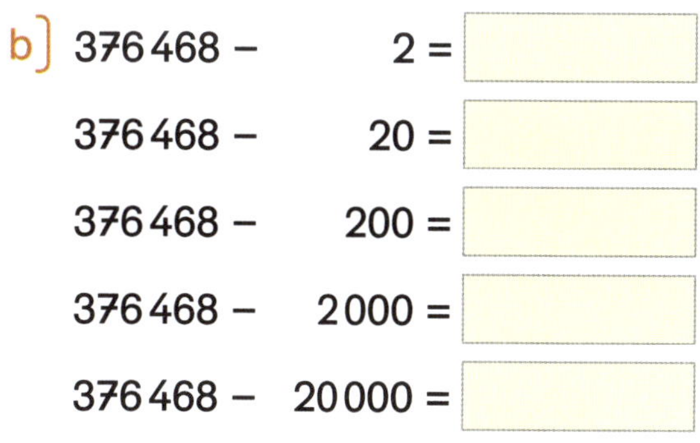

b)
376 468 – 2 =
376 468 – 20 =
376 468 – 200 =
376 468 – 2 000 =
376 468 – 20 000 =

★ bei Aufgabenreihen mit Stufenzahlen stellengerecht subtrahieren, ggf. Zahlenschieber als Hilfsmittel nutzen ★ **SF:** in Abhängigkeit des Subtrahenden Veränderungen der Differenz in Aufgabenreihen beschreiben und begründen ★ stellengerecht subtrahieren

ÜH 17 AH 16 B

Additionsaufgaben in Schritten lösen

$3540 + 250 =$ ▢

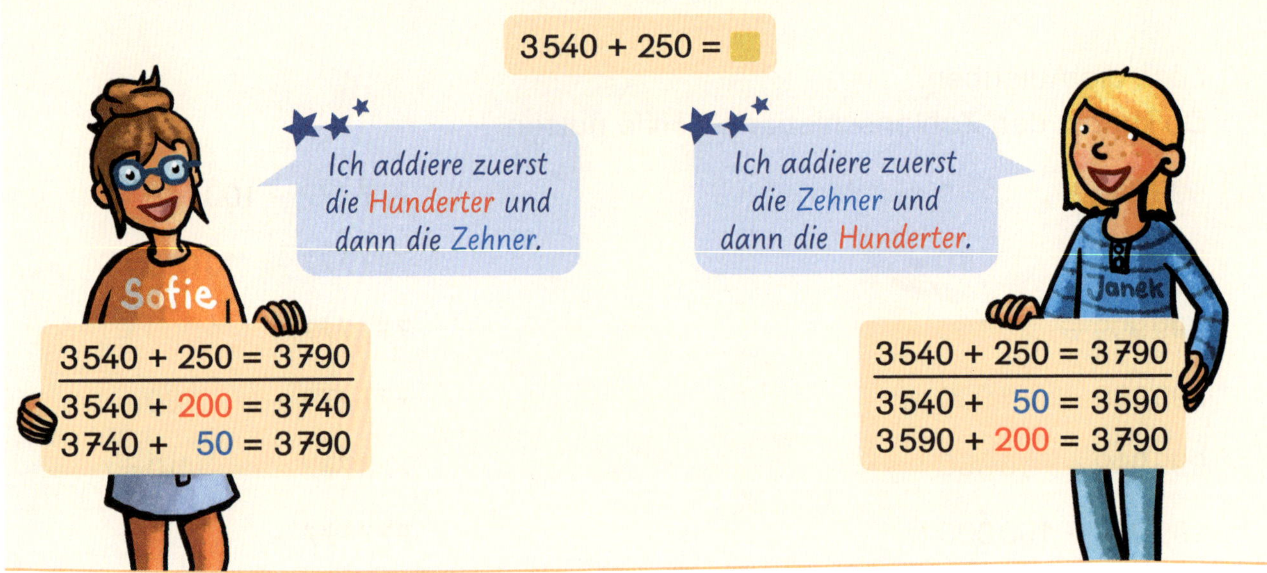

1 Wie rechnest du die Aufgabe 3540 + 250?
Begründe deine Wahl einem anderen Kind.

2 Löse die Aufgaben. Schreibe deine Rechenschritte auf.

a) 2740 + 230 = ▢
2740 + ▢ = ▢
▢ + ▢ = ▢

b) 5870 + 150 = ▢

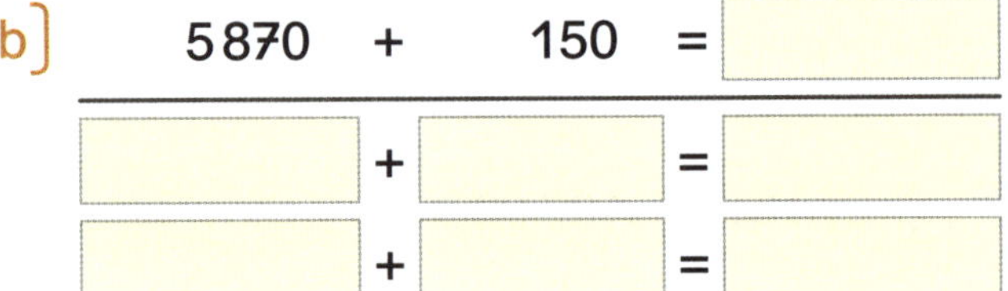

▢ + ▢ = ▢
▢ + ▢ = ▢

c) 12600 + 5300 = ▢

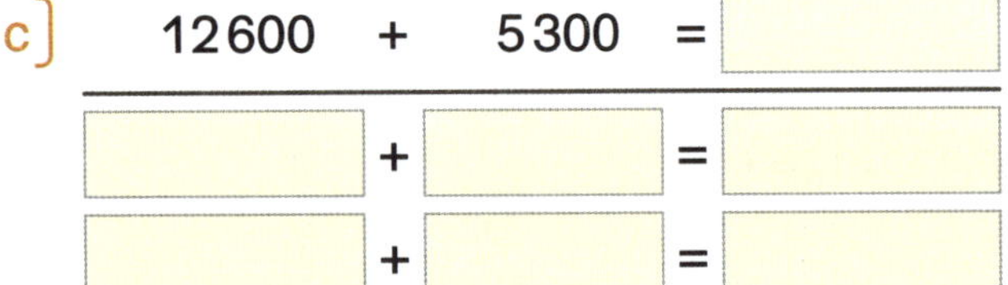

▢ + ▢ = ▢
▢ + ▢ = ▢

d) 24800 + 3600 = ▢
▢ + ▢ = ▢
▢ + ▢ = ▢

e) 235300 + 43000 = ▢
▢ + ▢ = ▢
▢ + ▢ = ▢

f) 518000 + 64000 = ▢
▢ + ▢ = ▢
▢ + ▢ = ▢

3 Löse die Aufgaben mit deinen Rechenschritten.
Schreibe deine Rechenschritte oder nur die Ergebnisse in dein Heft.

a) 76700 + 21000 = ▢
53500 + 34000 = ▢
64200 + 28000 = ▢

b) 346000 + 33000 = ▢
217800 + 42000 = ▢
458200 + 14000 = ▢

Seite 44 Aufgabe 3
a) ...

ÜH 18

* verschiedene Vorgehensweisen beim Addieren von mehrstelligen Zahlen nachvollziehen und den eigenen Rechenweg auswählen, **SF:** Wahl begründen
* Additionsaufgaben in zwei Schritten halbschriftlich und im Kopf lösen

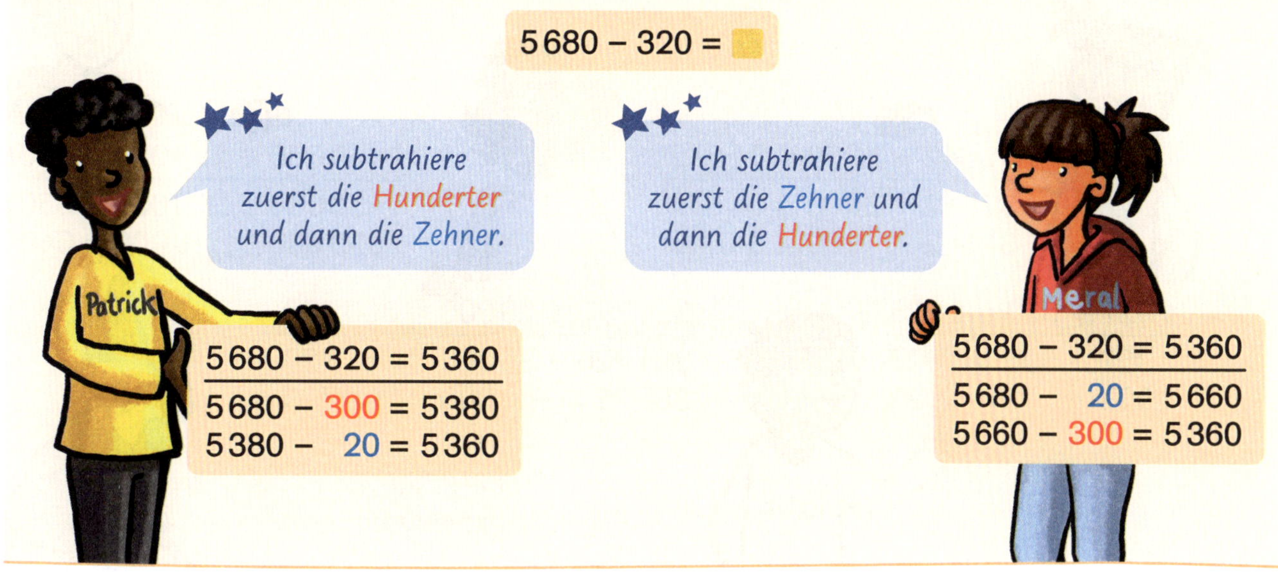

1 Wie rechnest du die Aufgabe 5680 – 320?
Begründe deine Wahl einem anderen Kind.

2 Löse die Aufgaben. Schreibe deine Rechenschritte auf.

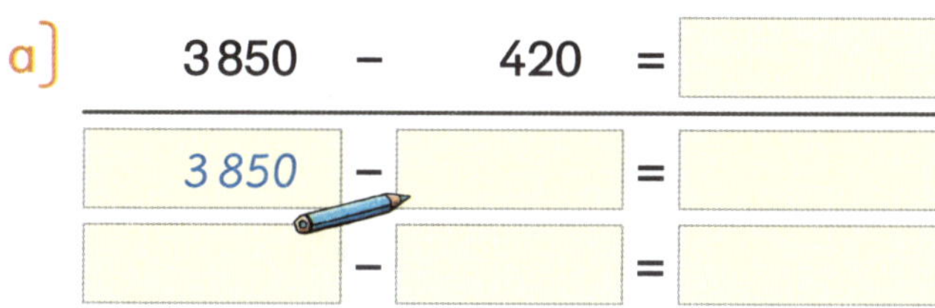

a) 3850 – 420 =

3850 – =

– =

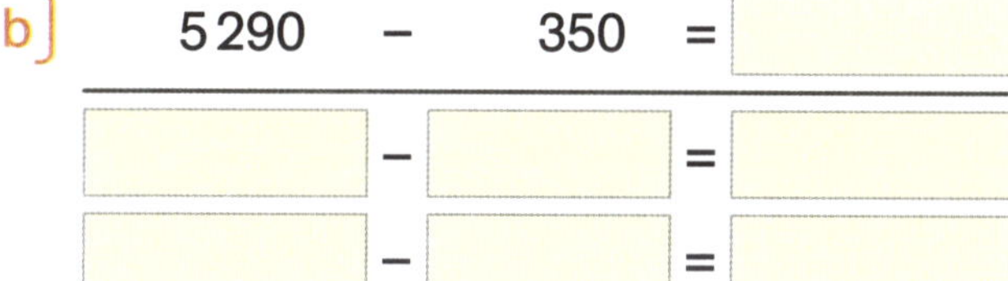

b) 5290 – 350 =

– =

– =

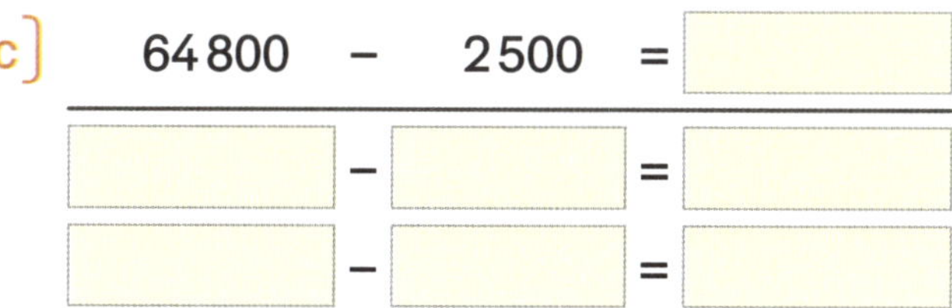

c) 64800 – 2500 =

– =

– =

d) 87600 – 3800 =

– =

– =

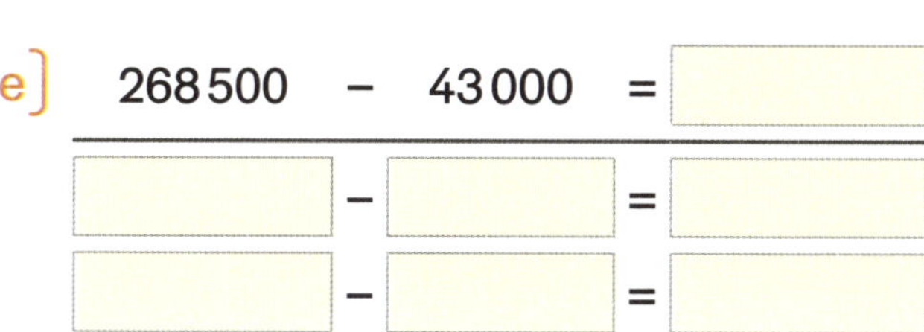

e) 268500 – 43000 =

– =

– =

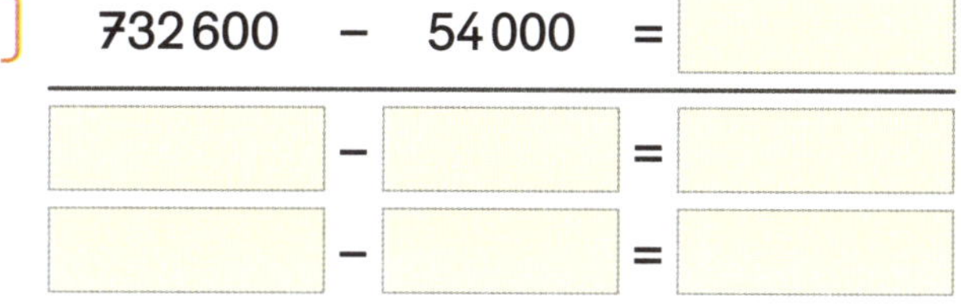

f) 732600 – 54000 =

– =

– =

3 Löse die Aufgaben mit deinen Rechenschritten.
Schreibe deine Rechenschritte oder nur die Ergebnisse in dein Heft.

a) 85700 – 32000 =
47600 – 25000 =
72500 – 46000 =

b) 587000 – 34000 =
876500 – 53000 =
463700 – 27000 =

Seite 45 Aufgabe 3
a) ...

* verschiedene Vorgehensweisen beim Subtrahieren von mehrstelligen Zahlen nachvollziehen und den eigenen Rechenweg auswählen, **SF:** Wahl begründen
* Subtraktionsaufgaben in zwei Schritten halbschriftlich und im Kopf lösen

Wir rechnen ganz einfach.

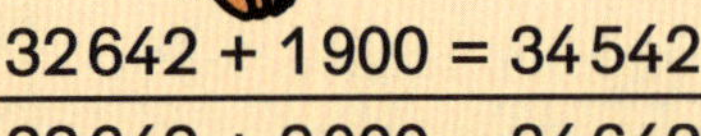

32642 + 1900 = 34542

32642 + 2000 = 34642
34642 − 100 = 34542

450680 + 190000 = 640680

450680 + 200000 = 650680
650680 − 10000 = 640680

1327 + 598 = 1925

1327 + 600 = 1927
1927 − 2 = 1925

331720 + 29000 = 360720

331720 + 30000 = 361720
361720 − 1000 = 360720

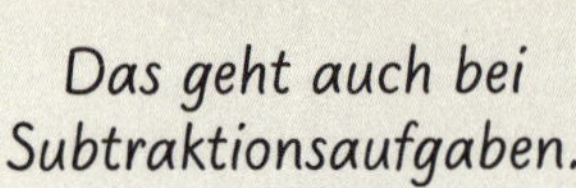

Das geht auch bei Subtraktionsaufgaben.

1 Besprecht, wie Lena, Tobi, Maja und Ole die Aufgaben lösen.

2 Löse die Aufgaben geschickt. Schreibe den Rechenweg auf.

a) 2532 + 398 = ___
2532 + ___ = ___
___ ○ ___ = ___

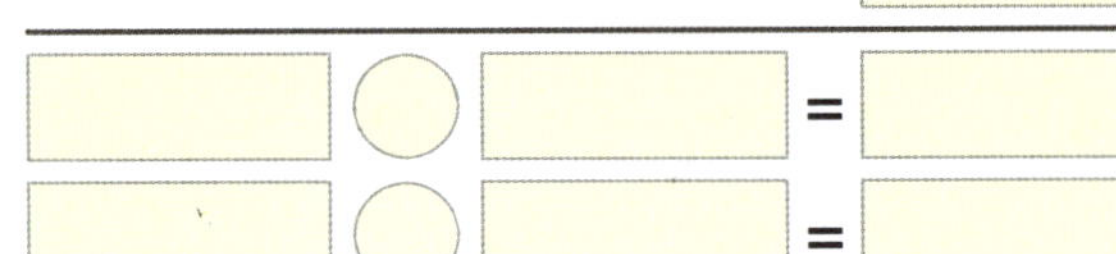

b) 7846 − 499 = ___
___ ○ ___ = ___
___ ○ ___ = ___

c) 45345 + 1800 = ___
___ ○ ___ = ___
___ ○ ___ = ___

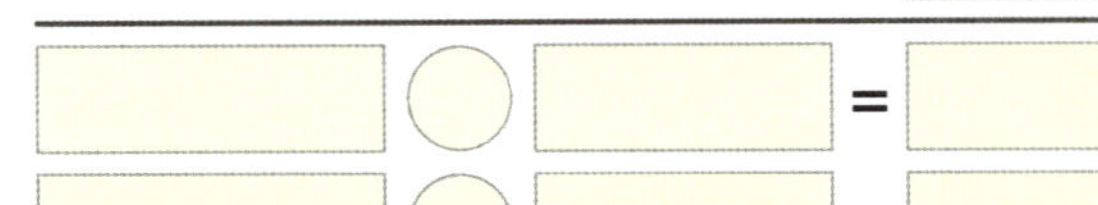

d) 69581 − 4900 = ___
___ ○ ___ = ___
___ ○ ___ = ___

e) 83530 + 39998 = ___
___ ○ ___ = ___
___ ○ ___ = ___

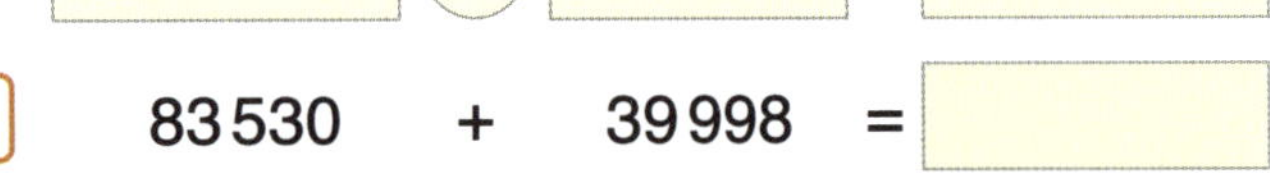

f) 95640 − 19999 = ___
___ ○ ___ = ___
___ ○ ___ = ___

3 Löse die Aufgaben geschickt. Schreibe den Rechenweg in dein Heft.

a) 126110 + 2999 = ___
243810 + 49000 = ___
167500 + 290000 = ___

b) 217450 − 3998 = ___
694730 − 29000 = ___
681400 − 190000 = ___

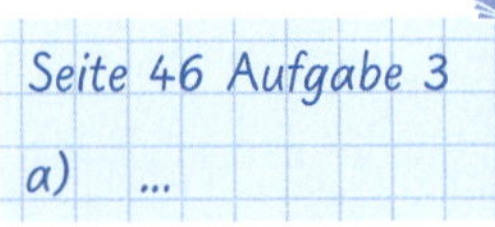

4 Finde je eine Additions- und eine Subtraktionsaufgabe, bei der du geschickt rechnen kannst. Stelle die Aufgaben einem anderen Kind vor und prüfe, ob es die Rechenvorteile findet.

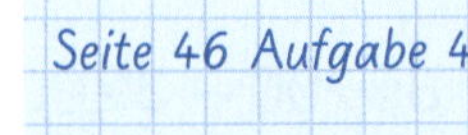

AH 17 ÜH 20, 21

★ SF: vorgestellte Rechenschritte beim geschickten Addieren und Subtrahieren nachvollziehen und beschreiben ★ Aufgaben geschickt lösen und Rechenschritte notieren ★ SF: Aufgaben vorstellen, die geschickt gelöst werden können

Addieren:

64 500	+	3 000	=	67 500
Summand		**Summand**		**Summe**

Subtrahieren:

67 500	–	3 000	=	64 500
Minuend		**Subtrahend**		**Differenz**

Für alle Zahlen bei Additions- und Subtraktionsaufgaben gibt es Fachbegriffe.

1 Finde die passende Aufgabe und löse sie.

Der erste Summand ist 42 000.
Der zweite Summand ist 4 500.

☐ ◯ ☐ = ☐

Der Minuend ist 98 500.
Der Subtrahend ist 2 000.

☐ ◯ ☐ = ☐

Bilde die Differenz aus
480 000 und 50 000.

☐ ◯ ☐ = ☐

Bilde die Summe aus
250 000 und 30 000.

☐ ◯ ☐ = ☐

2 Löse die Aufgaben.
Ergänze jeweils den Text zu den Rechnungen.

a) 6 300 + 600 = ☐

Die ______ aus 6 300
und 600 ist ☐.

b) 7 600 – 400 = ☐

Die ______ von 7 600
und 400 ist ☐.

c) 20 000 + 800 = ☐

Der ______ ist 20 000.
Der ______ ist 800.
Die ______ ist ☐.

d) 570 000 – 70 000 = ☐

Der ______ ist 570 000.
Der ______ ist 70 000.
Die ______ ist ☐.

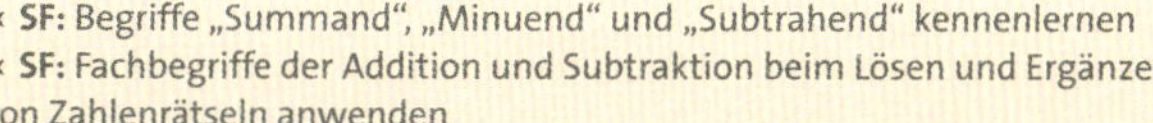

★ **SF:** Begriffe „Summand", „Minuend" und „Subtrahend" kennenlernen
★ **SF:** Fachbegriffe der Addition und Subtraktion beim Lösen und Ergänzen von Zahlenrätseln anwenden

1 Fülle die Tabellen aus.

a)

+	300	3000	30000	300000
500	800			
4500				
64500				
264500				

b)

–	200	2000	20000	200000
700				
5700				
45700				
645700				

2 Löse die Aufgaben. Setze die Aufgabenreihen fort.

a)
250000 + 80000 = 330000
250000 + 70000 =
250000 + 60000 =
 + =
 + =

b)
160000 + 200000 =
260000 + 200000 =
360000 + 200000 =
 + =
 + =

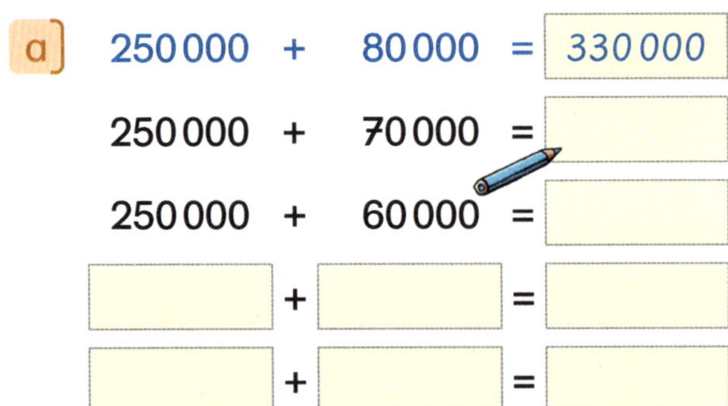

c)
830000 – 70000 =
840000 – 70000 =
850000 – 70000 =
 – =
 – =

d)
750000 – 300000 =
750000 – 350000 =
750000 – 400000 =
 – =
 – =

* stellengerecht in Tabellen addieren und subtrahieren
* MK: Aufgabenreihen lösen und fortsetzen, Strukturen erkennen

1 Löse die Aufgaben und setze die Aufgabenreihen fort.

a)

380 000	+	30 000	=	
370 000	+	40 000	=	
360 000	+	50 000	=	
	+		=	
	+		=	

b)

210 000	+	290 000	=	
220 000	+	280 000	=	
230 000	+	270 000	=	
	+		=	
	+		=	

2 Betrachte die Aufgabenreihen in Aufgabe 1. Verbinde.

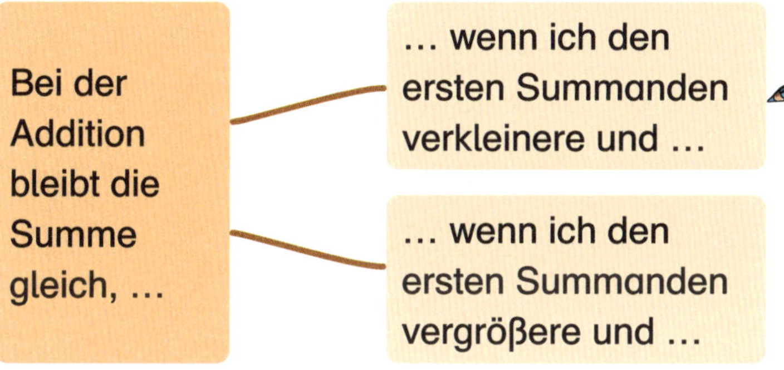

… den zweiten Summanden um den gleichen Zahlenwert verkleinere.

… den zweiten Summanden um den gleichen Zahlenwert vergrößere.

3 Löse die Aufgaben und setze die Aufgabenreihen fort.

a)

630 000	–	40 000	=	
640 000	–	50 000	=	
650 000	–	60 000	=	
	–		=	
	–		=	

b)

590 000	–	290 000	=	
580 000	–	280 000	=	
570 000	–	270 000	=	
	–		=	
	–		=	

4 Betrachte die Aufgabenreihen in Aufgabe 3. Verbinde.

Bei der Subtraktion bleibt die Differenz gleich, …

… wenn ich den Minuenden verkleinere und …

… wenn ich den Minuenden vergrößere und …

… den Subtrahenden um den gleichen Zahlenwert verkleinere.

… den Subtrahenden um den gleichen Zahlenwert vergrößere.

★ **MK:** Aufgabenreihen lösen und fortsetzen, Strukturen erkennen
★ **SF:** Aussagen zu Veränderungen von Zahlen in Aufgabenreihen bei gleichbleibender Summe bzw. Differenz ergänzen

	HT	ZT	T	H	Z	E
		4	5	6	7	8
+		1	0	2	3	9
				1	1	
					1	7

1 Addiere schriftlich.

a)

	HT	ZT	T	H	Z	E
		2	3	5	1	6
+		1	5	2	3	8
					1	
		3	8	7	5	4

b)

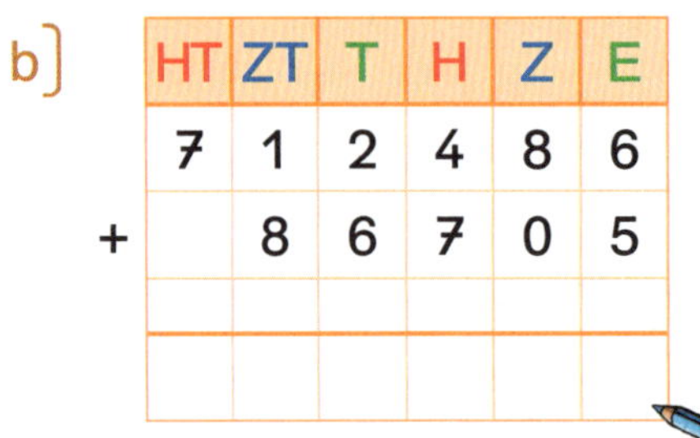

	HT	ZT	T	H	Z	E
	7	1	2	4	8	6
+		8	6	7	0	5

c)

	HT	ZT	T	H	Z	E
		3	4	9	1	3
+	2	1	7	8	2	4

d)

	HT	ZT	T	H	Z	E
	5	3	0	4	8	5
+			8	7	9	4

e)

	HT	ZT	T	H	Z	E
			4	9	6	3
+	1	2	8	4	1	5

f)

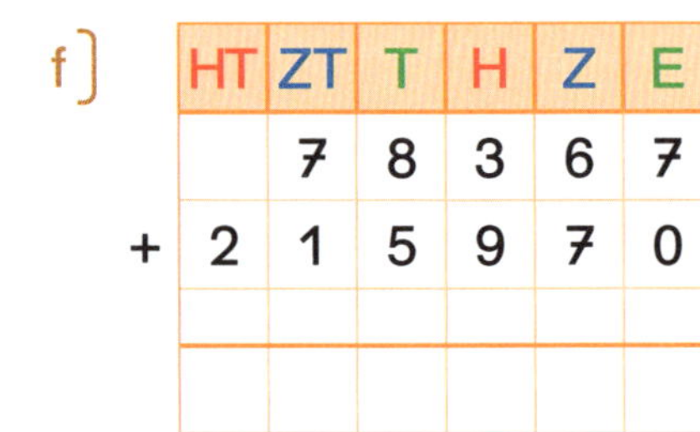

	HT	ZT	T	H	Z	E
		7	8	3	6	7
+	2	1	5	9	7	0

2 Addiere schriftlich.

a)

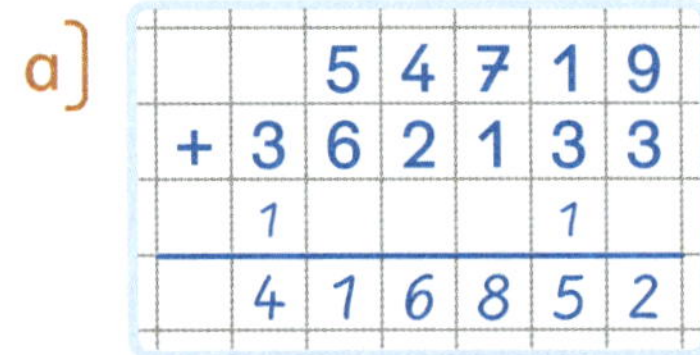

		5	4	7	1	9
+	3	6	2	1	3	3
	1				1	
	4	1	6	8	5	2

b)

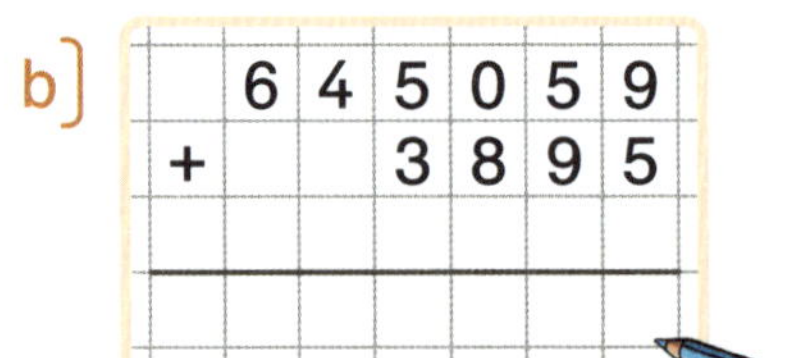

	6	4	5	0	5	9
+			3	8	9	5

c)

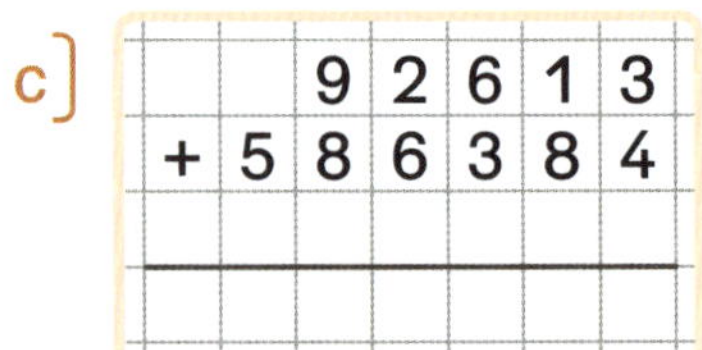

		9	2	6	1	3
+	5	8	6	3	8	4

d)

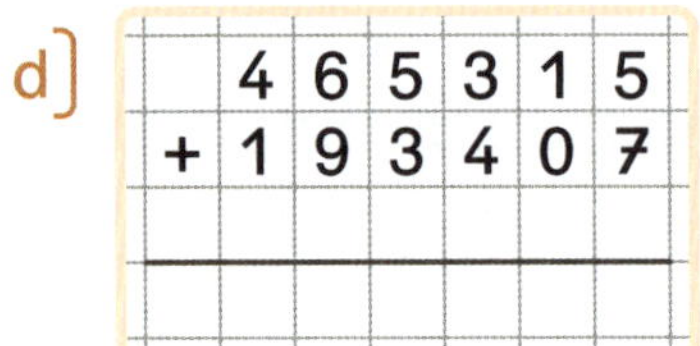

	4	6	5	3	1	5
+	1	9	3	4	0	7

e)

			9	4	5	7
+	3	7	0	8	1	5

f)

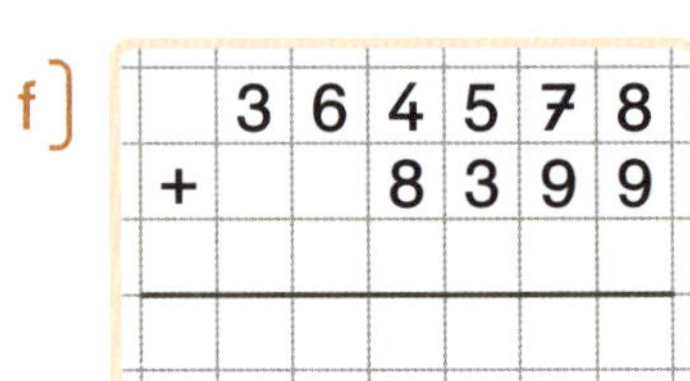

	3	6	4	5	7	8
+			8	3	9	9

★ Additionsaufgaben mit und ohne Hilfe einer Stellentafel schriftlich lösen

3 Schreibe die Zahlen stellengerecht untereinander. Addiere schriftlich.

a) 57 681 + 80 253

	5	7	6	8	1
+	8	0	2	5	3

b) 674 543 + 221 807

c) 46 572 + 832 671

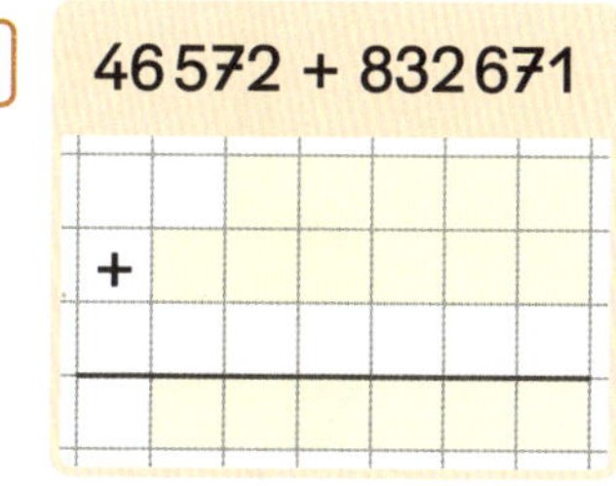

4 Schreibe die Zahlen stellengerecht untereinander. Addiere schriftlich.

a) 423 832 + 56 627

b) 681 270 + 357

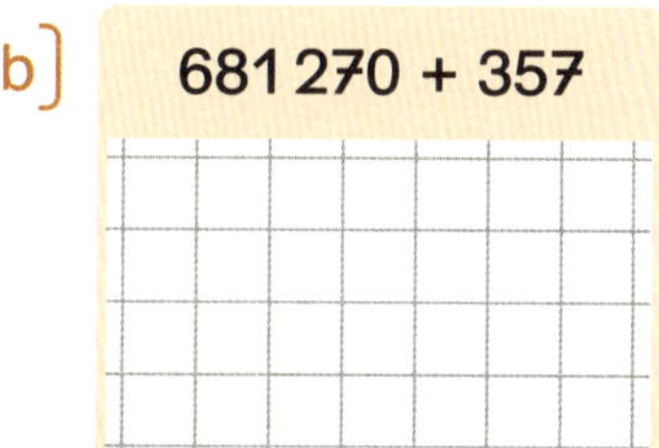

c) 521 038 + 6 941

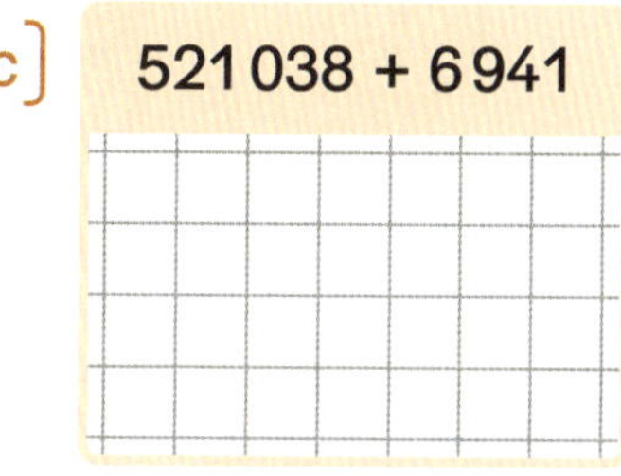

5 Bilde eine Aufgabe zur vorgegebenen Summe.

a)

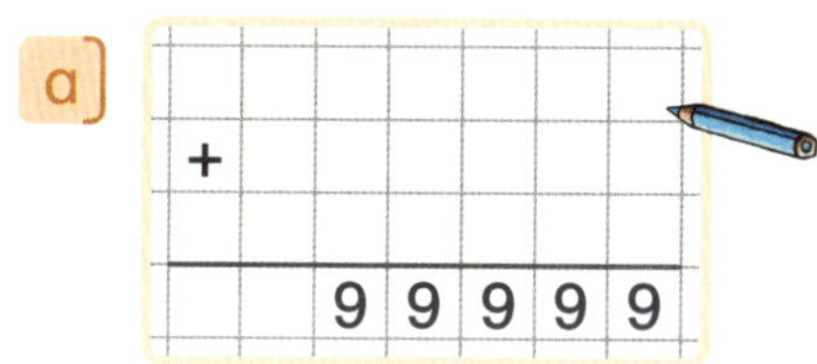

+					
	9	9	9	9	9

b)

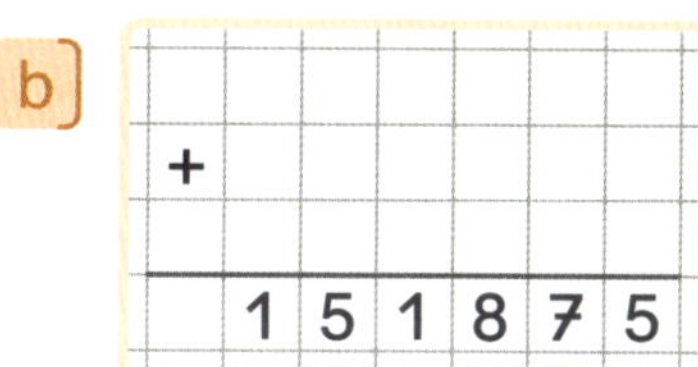

+					
1	5	1	8	7	5

c)

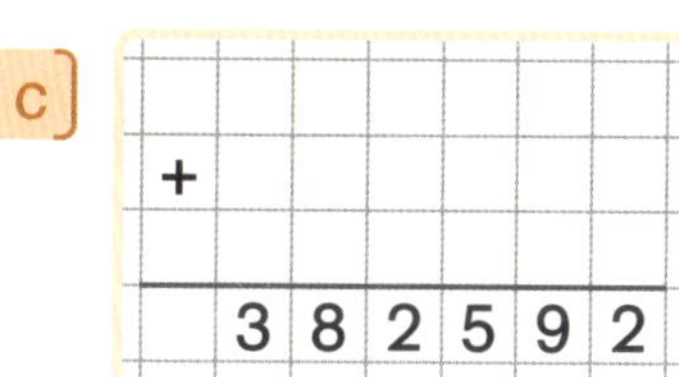

+					
3	8	2	5	9	2

6 Finde zu jedem Zahlenrätsel eine passende Additionsaufgabe. Verbinde.

Meine Zahl erhältst du, wenn du 87 654 und 34 132 addierst.

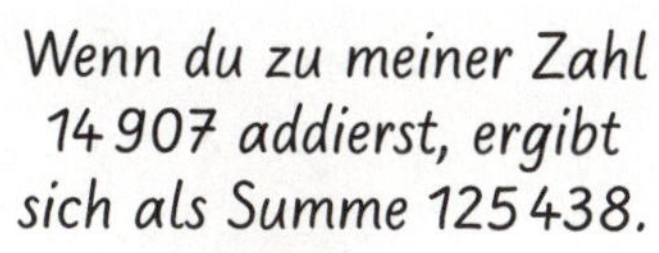

Wenn du zu meiner Zahl 14 907 addierst, ergibt sich als Summe 125 438.

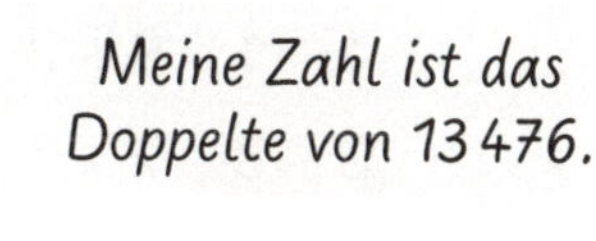

Meine Zahl ist das Doppelte von 13 476.

	1	3	4	7	6
+	1	3	4	7	6

	8	7	6	5	4
+	3	4	1	3	2

+		1	4	9	0	7
	1	2	5	4	3	8

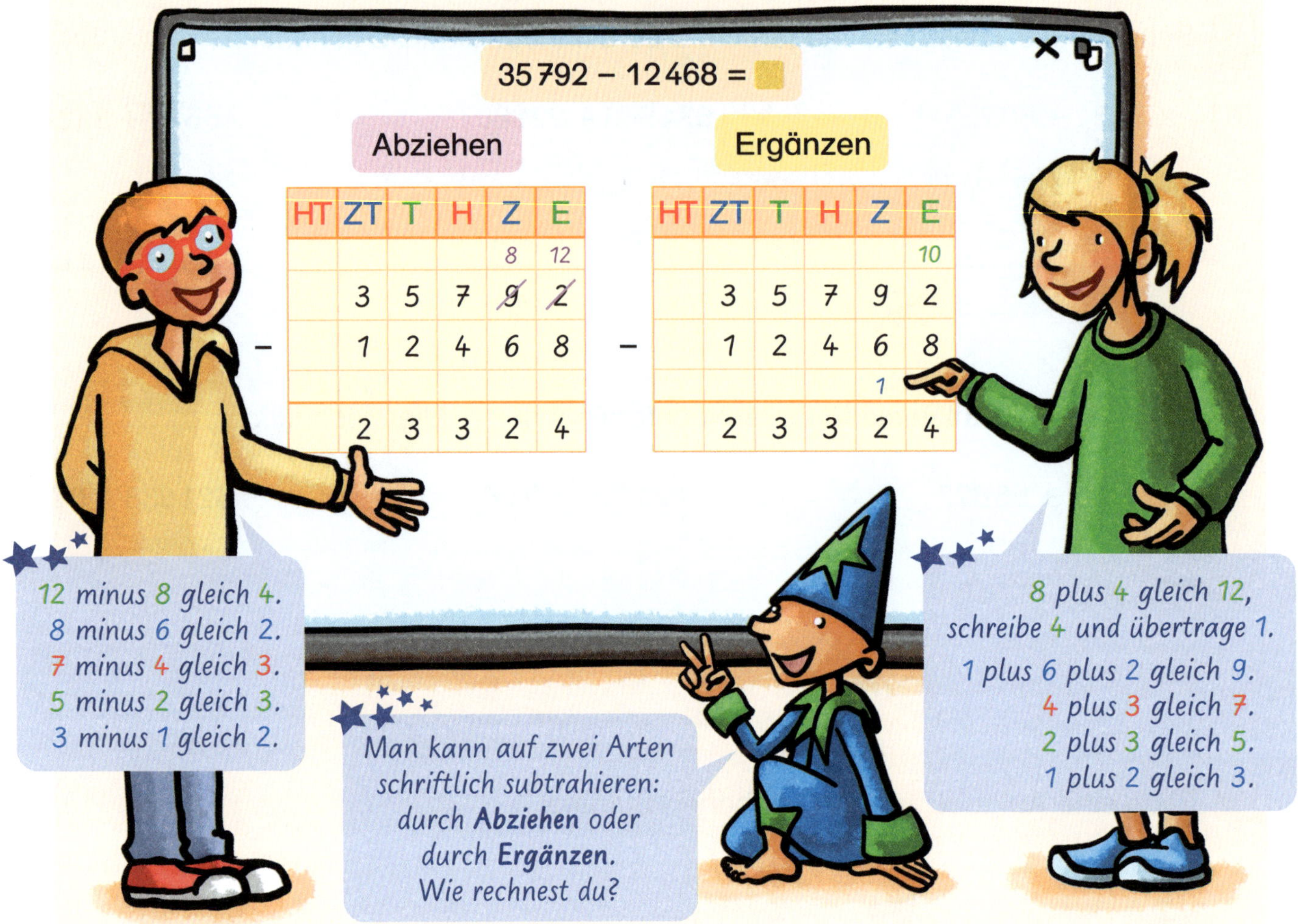

35 792 – 12 468 =
Abziehen
Ergänzen
12 minus 8 gleich 4.
8 minus 6 gleich 2.
7 minus 4 gleich 3.
5 minus 2 gleich 3.
3 minus 1 gleich 2.
Man kann auf zwei Arten schriftlich subtrahieren: durch **Abziehen** oder durch **Ergänzen**. Wie rechnest du?
8 plus 4 gleich 12, schreibe 4 und übertrage 1.
1 plus 6 plus 2 gleich 9.
4 plus 3 gleich 7.
2 plus 3 gleich 5.
1 plus 2 gleich 3.

Abziehen

	HT	ZT	T	H	Z	E
					8	12
		3	5	7	~~9~~	~~2~~
–		1	2	4	6	8
		2	3	3	2	4

Ergänzen

	HT	ZT	T	H	Z	E
						10
		3	5	7	9	2
–		1	2	4	6	8
					1	
		2	3	3	2	4

1 Subtrahiere schriftlich auf deine Art.

a)

	HT	ZT	T	H	Z	E
		4	1	9	3	7
–		3	8	7	1	5

b)

	HT	ZT	T	H	Z	E
	3	4	8	2	1	7
–	1	2	1	7	4	5

c)

	HT	ZT	T	H	Z	E
	7	4	6	7	8	9
–		6	8	2	3	5

2 Subtrahiere schriftlich.

a)

	3	1	4	7	8
–		4	1	9	3

b)

	4	8	1	2	3	6
–		7	2	5	1	5

c)

	5	3	2	0	2	1
–	2	1	3	8	0	5

⋆ Subtraktionsaufgaben mit und ohne Hilfe einer Stellentafel schriftlich lösen

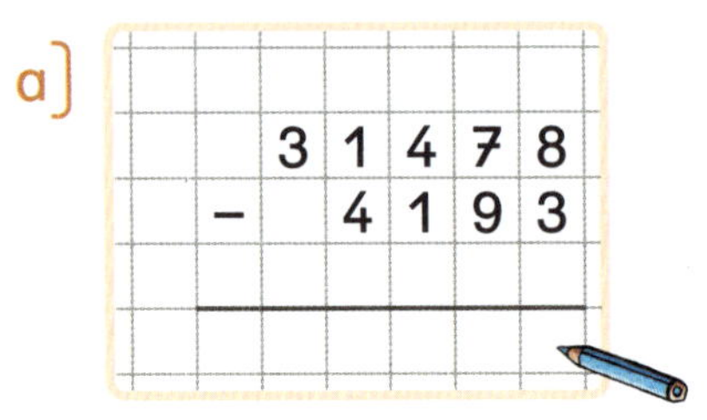

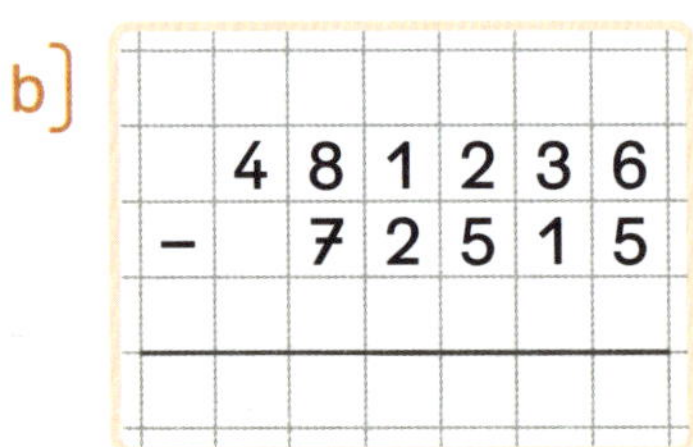

3 Schreibe die Zahlen stellengerecht untereinander. Subtrahiere schriftlich auf deine Art.

a) 764358 – 687016

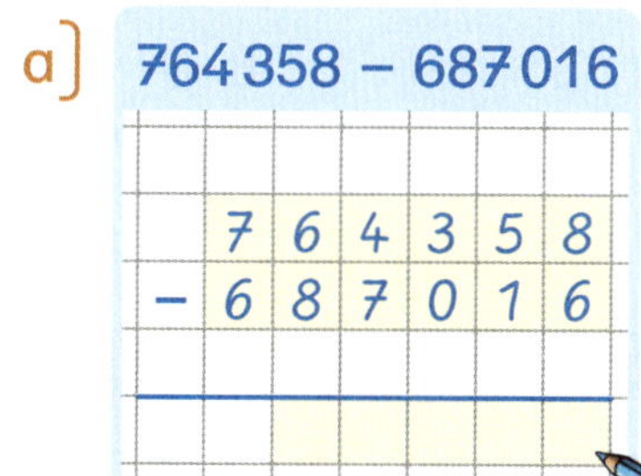

b) 69542 – 8861

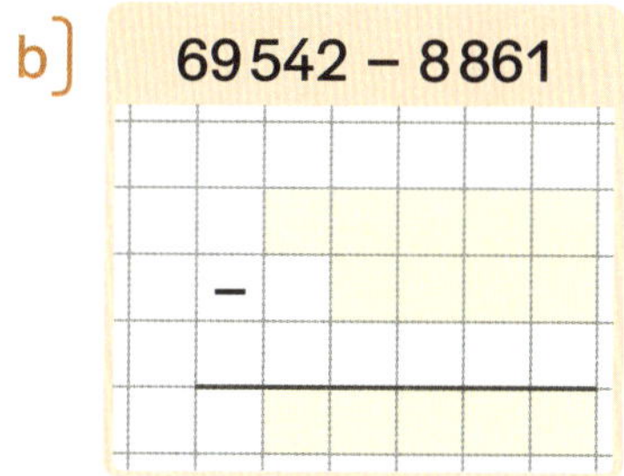

c) 980673 – 97052

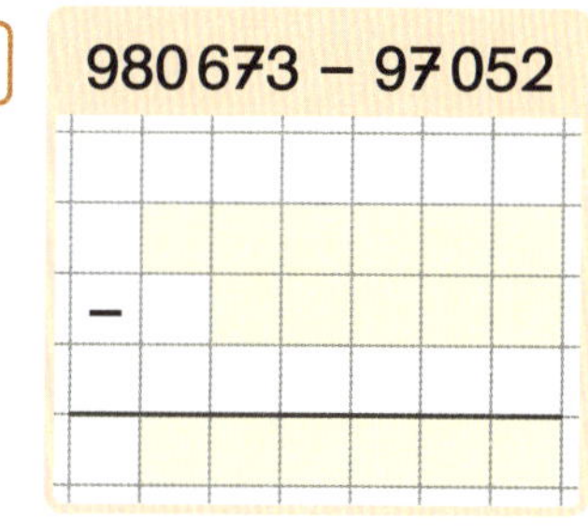

4 Schreibe die Zahlen stellengerecht untereinander. Subtrahiere schriftlich auf deine Art.

a) 857365 – 261640

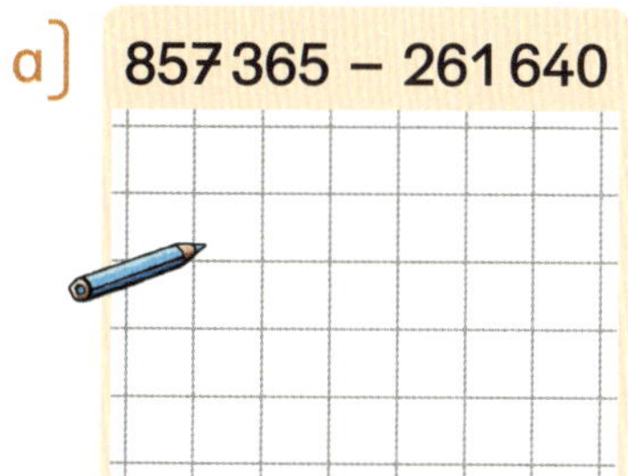

b) 532550 – 3269

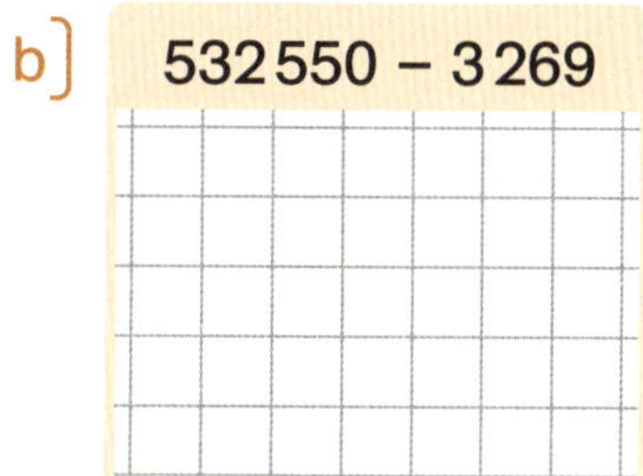

c) 80756 – 26772

5 Bilde eine Aufgabe zur vorgegebenen Differenz.

a)

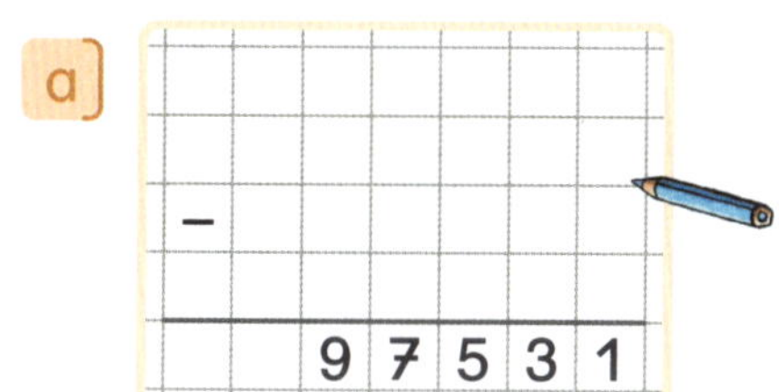

b)

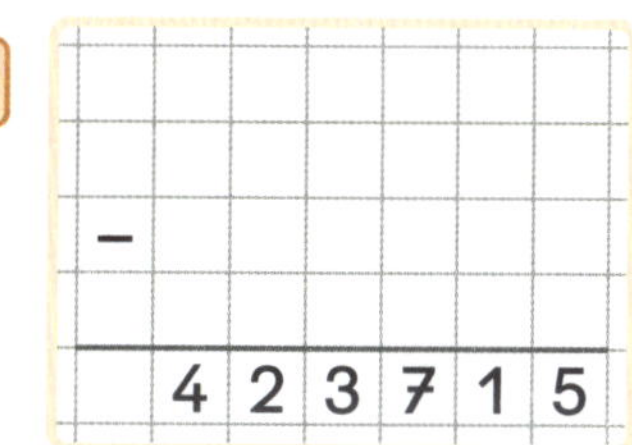

c)

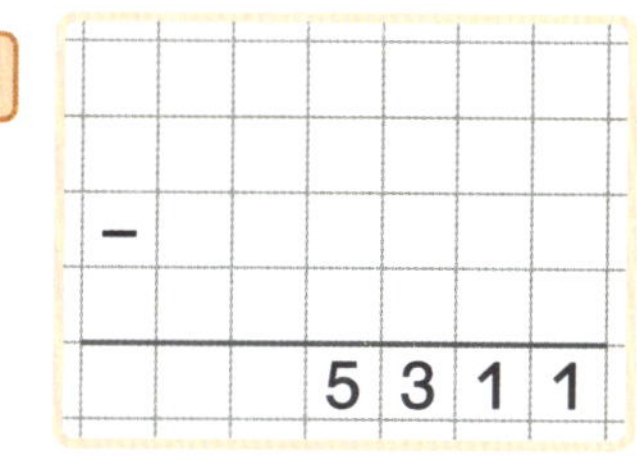

6 Finde zu jedem Zahlenrätsel eine passende Subtraktionsaufgabe. Verbinde.

Meine Zahl ist die Differenz aus 263512 und 24308.

Wenn du von meiner Zahl 63513 subtrahierst, erhältst du als Differenz 121121.

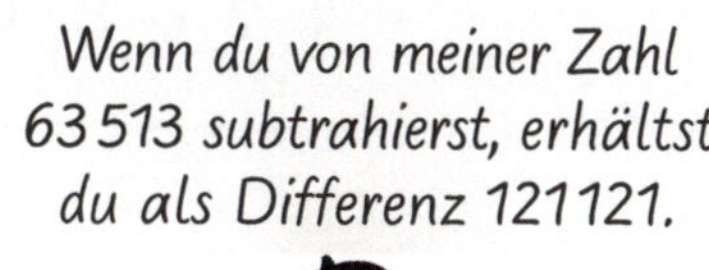

Wenn du von 374500 meine Zahl subtrahierst, erhältst du als Differenz 251044.

	3	7	4	5	0	0
–						
	2	5	1	0	4	4

–		6	3	5	1	3
	1	2	1	1	2	1

	2	6	3	5	1	2
–		2	4	3	0	8

* Subtraktionsaufgaben stellengerecht notieren und schriftlich lösen
* zur Differenz passende Aufgabe finden
* **SF:** Zahlenrätsel in Subtraktionsaufgaben übertragen und schriftlich lösen

ÜH 24 AH 19

1 Löse die Additionsaufgaben.

a)

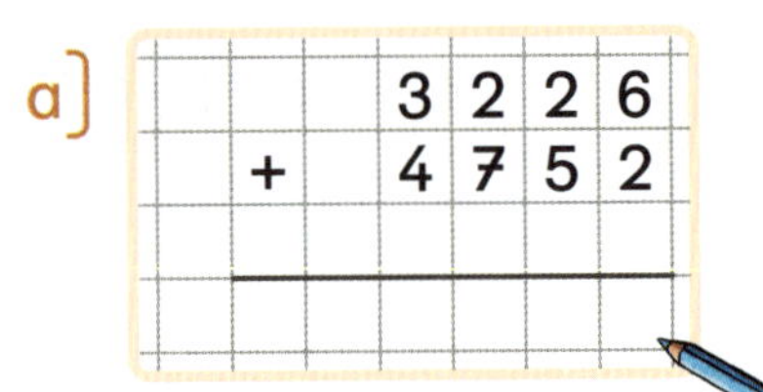

3226 + 4752

5529 + 3458

8312 + 1748

b)

23051 + 35645

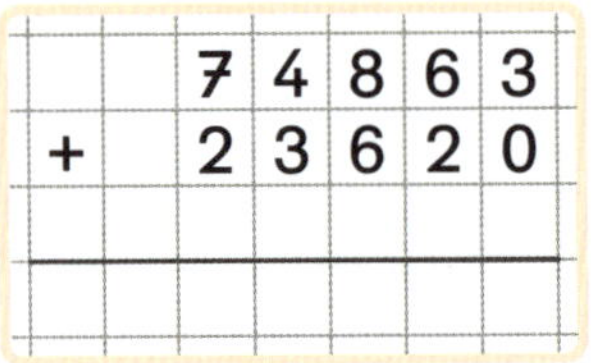

74863 + 23620

55312 + 12896

c)

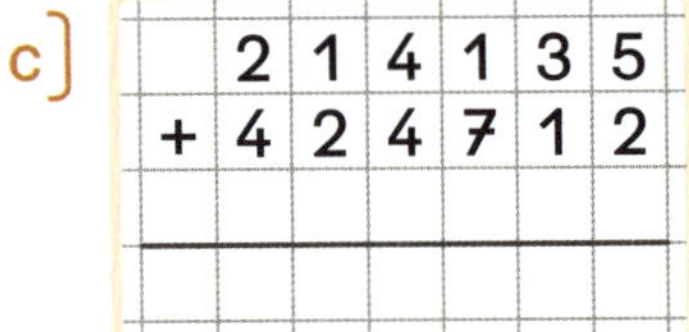

214135 + 424712

382317 + 124156

319423 + 486712

2 Löse die Subtraktionsaufgaben.

a)

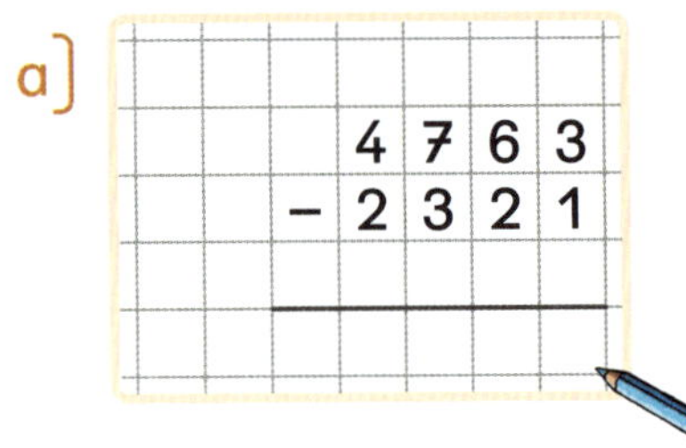

4763 − 2321

7574 − 5429

10000 − 4682

b)

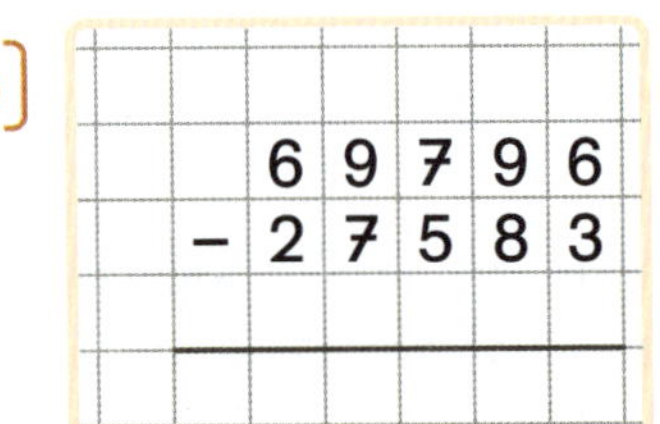

69796 − 27583

28077 − 12681

100000 − 36899

c)

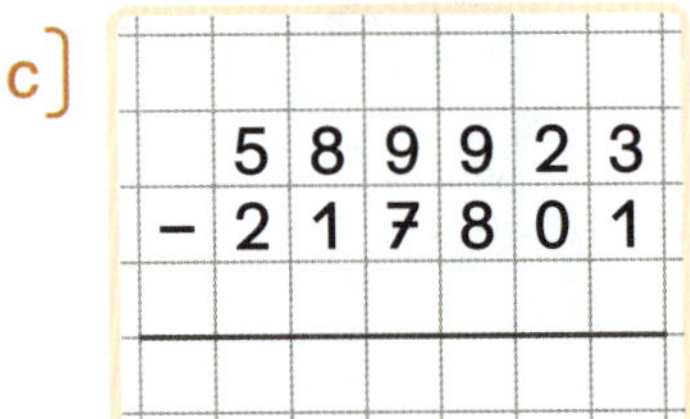

589923 − 217801

917693 − 829760

700000 − 329795

d)

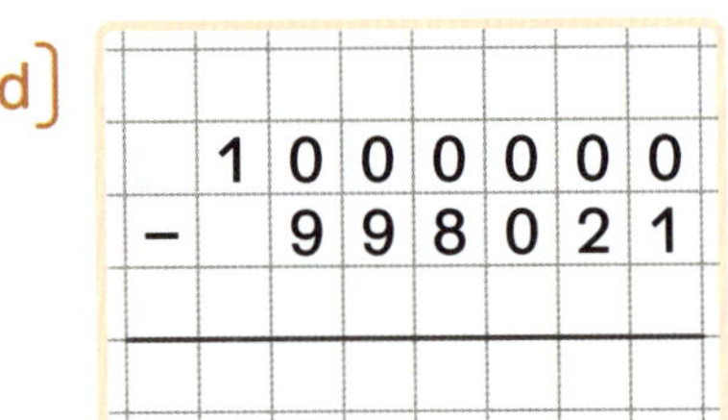

1000000 − 998021

1000000 − 715346

1 Bilde aus den Zahlenkärtchen passende Aufgaben.

38456	17452	8432
12572	5627	32463

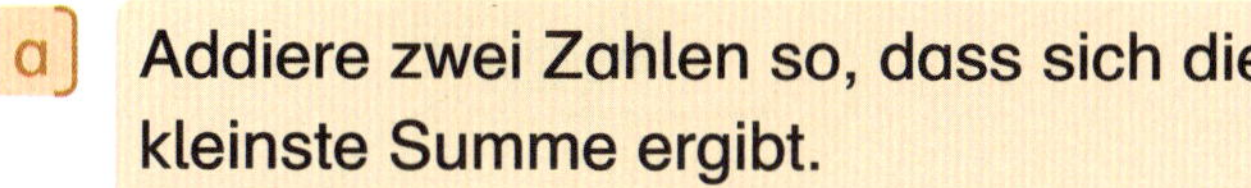

a) Addiere zwei Zahlen so, dass sich die kleinste Summe ergibt.

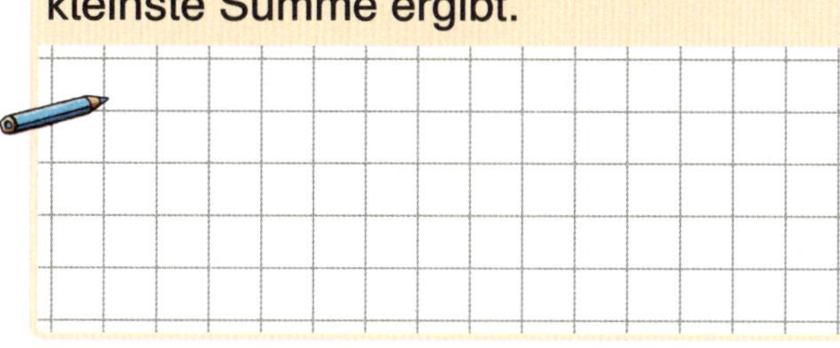

b) Addiere drei Zahlen so, dass sich die größte Summe ergibt.

c) Subtrahiere die kleinste Zahl von der größten Zahl.

d) Bilde die Differenz aus den beiden kleinsten Zahlen.

e) Addiere alle ungeraden Zahlen.

f) Bilde die Differenz aus den beiden ungeraden Zahlen.

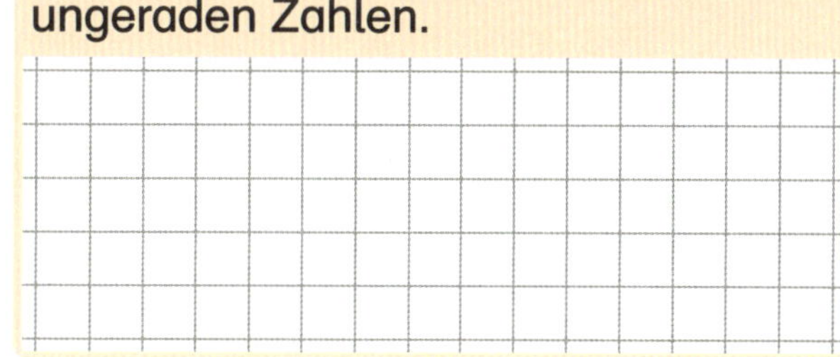

2 Jeder Stern steht für eine Ziffer von 1 bis 6.
Setze die Ziffern passend ein. Löse die Aufgaben.

5 Additionsaufgaben kontrollieren

Ich rechne die Aufgabe nochmals. Jetzt aber von oben nach unten.

```
  179253
+  24679
  11  11
  203932
```

Paul

```
  179253 ↓
+  24679
```

1 Überschlage und stelle so fest, welches Ergebnis stimmen könnte. Kreise ein.

a)

		4	5	8	3	6
+		5	1	4	8	3
		9	7	3	1	9
	1	0	6	3	1	9
		8	6	3	1	9

b)

		8	9	2	6	3
+	1	7	8	4	9	8
	1	5	7	6	5	1
	2	6	7	7	6	1
	2	9	7	7	6	1

c)

	3	7	4	2	2	2
+		2	5	9	8	2
	4	1	0	2	0	4
	3	9	0	2	0	4
	4	0	0	2	0	4

d)

	5	7	2	0	8	4
+	1	9	3	7	2	6
	6	6	5	7	0	0
	7	6	5	8	1	0
	3	7	8	3	5	8

e)

	3	5	4	2	8	7
+	5	0	8	6	2	7
	8	6	2	9	1	4
	9	6	2	9	1	4
	8	5	2	9	1	4

f)

	3	8	4	7	4	6
+	1	8	5	9	4	6
	2	6	9	6	8	2
	4	7	0	6	9	2
	5	7	0	6	9	2

2 Löse die Aufgaben.
Kontrolliere, indem du nochmals von oben nach unten addierst.

a)

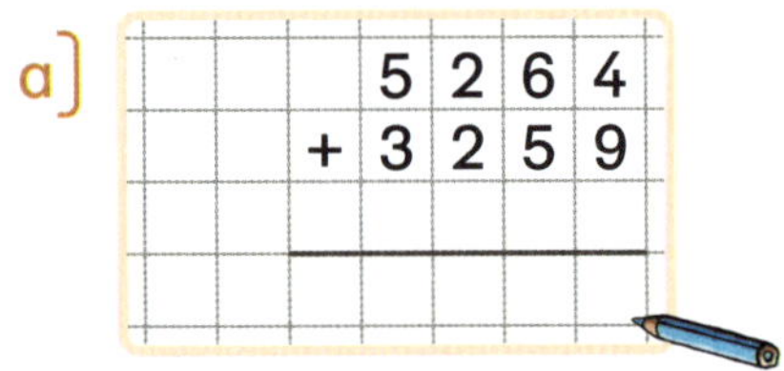

```
  5264
+ 3259
```

b)

```
  17385
+  9708
```

c)

```
  34783
+ 18676
```

d)

```
  153497
+ 382605
```

e)

```
  278361
+ 614029
```

f)

```
  839557
+  64375
```

* mithilfe der Überschlagsrechnung richtige und falsche Ergebnisse identifizieren
* Additionsaufgaben schriftlich lösen und durch nochmaliges Rechnen kontrollieren

Subtraktionsaufgaben kontrollieren

1 Überschlage und stelle so fest, welches Ergebnis stimmen könnte. Kreise ein.

a)

	7	4	5	1	9
−	2	0	3	8	5
	4	4	1	2	4
	5	4	1	3	4
	9	4	1	1	4

b)

	6	9	1	4	7	7
−		3	0	9	8	5
	5	6	0	4	9	2
	7	2	2	4	5	2
	6	6	0	4	9	2

c)

	7	6	3	5	4	8
−	2	5	0	7	8	0
	3	1	2	7	6	8
	4	1	2	7	6	8
	5	1	2	7	6	8

d)

	9	4	1	8	0
−	6	8	2	1	2
	2	5	9	6	8
	3	5	9	6	8
	3	4	9	6	8

e)

	8	5	0	4	7	7
−	7	7	6	6	7	9
	1	8	4	8	0	8
		7	3	7	9	8
		8	4	8	0	8

f)

	5	2	3	8	0	7
−	3	9	1	2	9	5
	1	3	2	5	1	2
	9	1	5	1	0	2
	2	3	2	5	1	2

2 Kontrolliere jedes Ergebnis mit der Umkehraufgabe. Wenn das Ergebnis falsch ist, korrigiere es.

a)

	3	4	7	1	6
−	2	8	5	2	9
		6	1	8	7

b)

	2	6	8	5	3	4
−	1	0	7	8	1	0
	1	6	1	7	2	4

c)

	4	6	6	5	1	3
−	2	1	2	4	8	8
	2	5	4	0	2	5

Seite 57 Aufgabe 2

a)

	6	1	8	7
+ 2	8	5	2	9
1		1	1	
3	4	7	1	6 ✓

b) ...

3 Besprecht, worin sich die Ergebnisüberprüfung mit einer Überschlagsrechnung und die Ergebniskontrolle mit der Umkehraufgabe unterscheiden.

* mithilfe der Überschlagsrechnung und der Umkehraufgabe richtige und falsche Ergebnisse identifizieren, ggf. korrigieren
* Kontrollmöglichkeiten vergleichen

1 Entscheide zunächst bei jeder Aufgabe, ob du im Kopf rechnest, deine Rechenschritte notierst oder schriftlich rechnest. Schreibe entweder nur das Ergebnis oder die vollständige Rechnung auf.

a)
79 850 − 748 = ▢
45 876 − 5 998 = ▢
84 382 + 12 410 = ▢
100 000 − 39 900 = ▢

b)
872 600 − 350 300 = ▢
743 217 − 743 210 = ▢
413 015 + 399 999 = ▢
620 000 + 240 500 = ▢

2 Betrachte, bei welchen Aufgaben aus Aufgabe 1 du im Kopf rechnest, bei welchen du deine Rechenschritte notierst und bei welchen du schriftlich rechnest.

Besprich dein Vorgehen mit einem anderen Kind.
Vergleicht eure Rechenwege.

3 Stelle selbst eine kleine Aufgabensammlung zusammen.
Schreibe je eine Additions- und eine Subtraktionsaufgabe auf, ...

a ... die du im Kopf löst.

b ... bei denen du die Rechenschritte notierst.

c ... die du schriftlich löst.

★ MK: einem Text Daten entnehmen ★ Additions- und Subtraktionsaufgaben im Kopf, in Schritten oder schriftlich lösen ★ SF: Entscheidungen zum Vorgehen reflektieren, beschreiben und vergleichen ★ Aufgabensammlung zusammenstellen

1 Ordne jeder Aufgabe die passende Überschlagsrechnung zu.
Löse dann beide Aufgaben. Prüfe mit der Überschlagsrechnung, ob dein Ergebnis stimmen kann.

a) Ü: 50 000 + 20 000 = 70 000

Ü: 580 000 + 280 000 = ____

Ü: 400 000 + 20 000 = ____

	4	0	2	3	1	5
+		1	5	7	9	5

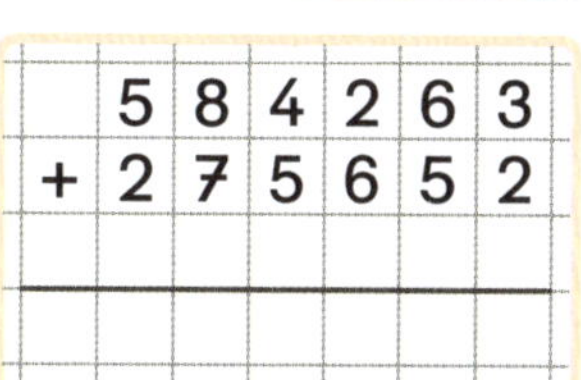

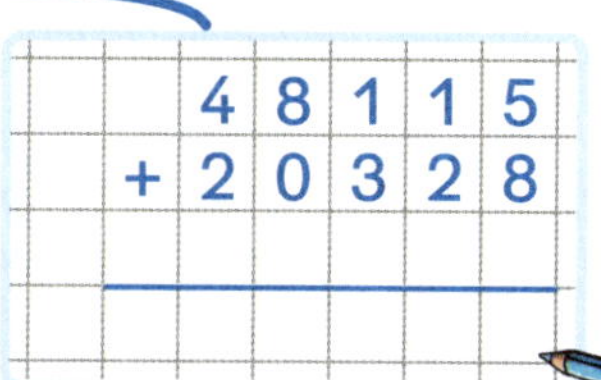

b) Ü: 450 000 – 230 000 = ____

Ü: 50 000 – 30 000 = ____

Ü: 540 000 – 60 000 = ____

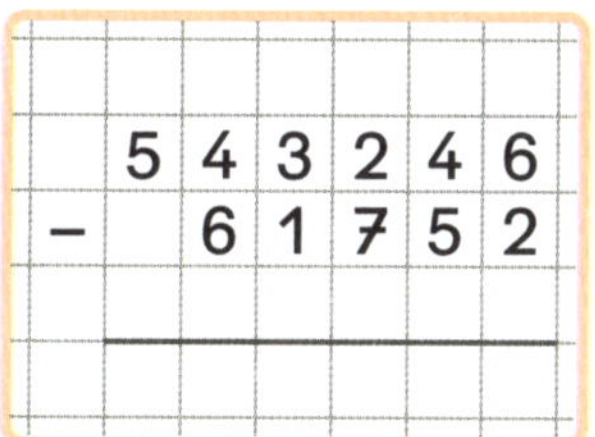

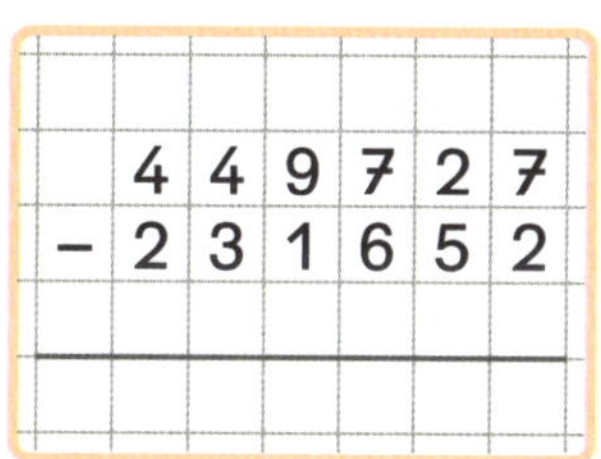

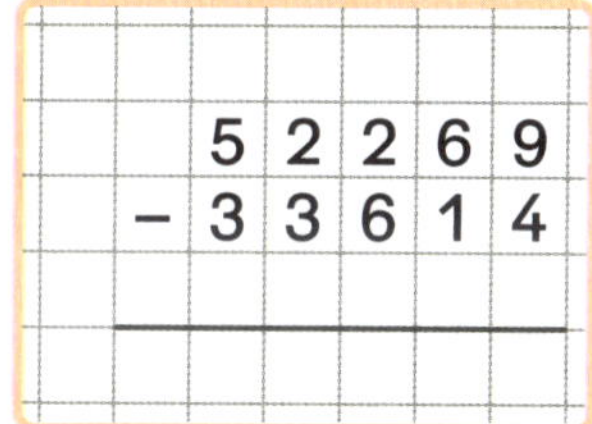

2 Löse zuerst die Subtraktionsaufgaben.
Finde jeweils die passende Umkehraufgabe und löse sie.
Verbinde zusammengehörige Kärtchen.

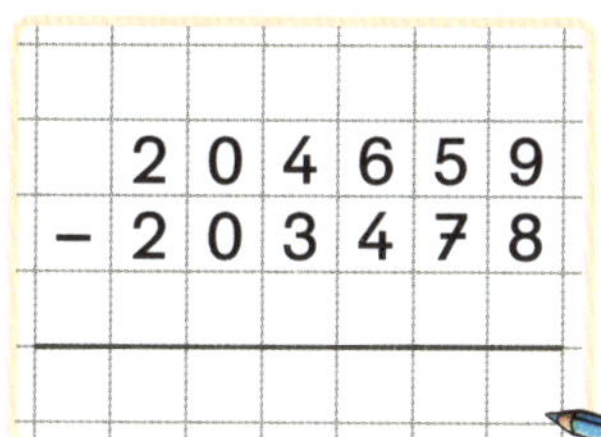

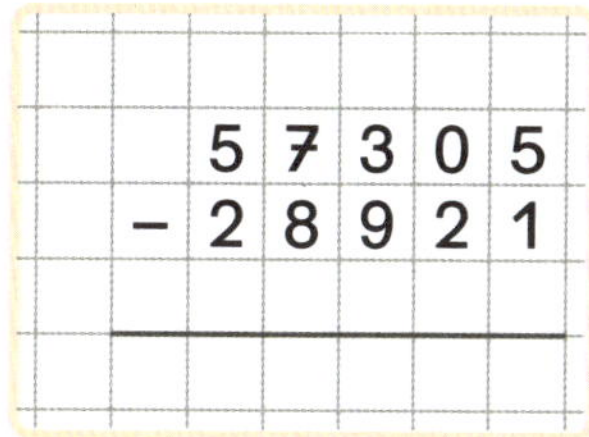

	8	5	4	5	2	0
–		6	2	8	6	3

	2	8	3	8	4
+	2	8	9	2	1

	7	9	1	6	5	7
+		6	2	8	6	3

			1	1	8	1
+	2	0	3	4	7	8

★ Additions- und Subtraktionsaufgaben schriftlich lösen und mithilfe der Überschlagsrechnung überprüfen
★ Subtraktionsaufgaben lösen und mithilfe der Umkehraufgabe kontrollieren

Für den deutschen Rekord an **meisten umgefallenen Dominosteinen** wurden 600 000 Steine aufgebaut. Davon sind 596 229 umgefallen.

Längster Schluckauf
Der amerikanische Landwirt Charles Osborne hatte von 1922 bis 1990 einen Schluckauf. Der Schluckauf fing an, während er ein Schwein wog.

Höchste Gebäude
Die Cheops-Pyramide in Ägypten wurde circa 2 560 vor unserer Zeit erbaut. Lange war sie das höchste Gebäude der Welt. Ursprünglich war sie mal 146,7 m hoch. Mittlerweile ist sie etwas kaputt gegangen. Sie ist jetzt nur noch 135,7 m hoch. Heute ist das höchste Gebäude der Welt der Burj Khalifa in Dubai. Er ist 828 m hoch und hat 163 Etagen. In 555,7 m Höhe, das ist in der 148. Etage, gibt es eine Aussichtsplattform mit Terrasse.

Der **höchste Schneemann** der Welt heißt Olympia. Er war 37,21 m hoch und bestand aus 5 890 Tonnen Schnee. Sein Schal war 39,6 m lang. Als Arme hatte er 9 m hohe Fichten, als Pupillen und für die Knöpfe seiner Jacke wurden Auto- und Lkw-Reifen genutzt. Die **höchste Sandburg** der Welt steht in Dänemark. Sie ist 21,16 m hoch und besteht aus 5 805 Tonnen Sand.

1 Finde zu jeder Frage den passenden Text. Markiere die Frage je in der gleichen Farbe wie den Ausschnitt oben. Finde dann die passende Rechnung und Antwort.

a) F: Wie viele Dominosteine sind nicht umgefallen?

R:

A:

b) F: Wie viele Sammelobjekte gibt es in der größten Weihnachtsmann-Sammlung mehr als in der größten Schneemann-Sammlung?

R:

A:

c) F: Wie viel höher ist der Burj Khalifa als die Cheops-Pyramide nach ihrem Bau?

R:

A:

★ MK: Texten Daten entnehmen und diese verarbeiten
★ Fragen dem jeweils passenden Informationstext zuordnen, passende Rechnungen und Antworten finden

Größte Sammlungen von Weihnachtsartikeln
25 104 Weihnachtsmänner, darunter 2 360 Figuren, 2 846 abgebildet auf Postkarten aus 33 Ländern, 1 312 auf Servietten und 241 Broschen, besitzt Jean-Guy Laquerre (Kanada).
Adam Wide (Vereinigtes Königreich) hat 7 929 Weihnachtsbroschen gesammelt.
Die größte Schneemann-Sammlung umfasst 5 127 Objekte und gehört Karen Schmidt (USA).

Größte Puzzlesammlung
Luiza Figueiredo (Brasilien) sammelt seit 1967 Puzzle. Da war sie 7 Jahre alt. Mittlerweile hat sie 1 047 Exemplare.

Größte Sockensammlung
Ashan Fernando (USA) besitzt 660 Paar Socken.

Meiste Fußballberührungen in einer Minute

mit den Fußsohlen + eine Kerze machend:	Yuuki Yoshinaga (Japan) 402
mit dem Kopf:	Gao Chong (China) 341
mit den Schienbeinen:	Leon Walraven (Niederlande) 267
mit den Schultern:	Yuuki Yoshinaga (Japan) 230
mit den Knien:	Konok Karmakar (Bangladesch) 162
mit den Hacken:	Sinan Öztürk (Deutschland) 157
mit den Lippen + stehend:	Daniel Cutting (Vereinigtes Königreich) 153
mit den Zehen:	John Farnworth (Vereinigtes Königreich) 109

2 Die Kinder der Klasse von Tim und Lea haben ermittelt, dass sie insgesamt 234 Puzzle und 1 957 Paar Socken zu Hause haben.
Vergleiche jeweils die Größe der Klassensammlung mit der größten Einzelsammlung der Welt.
Notiere Vergleiche.

Seite 61 Aufgabe 2
...

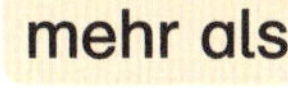

mehr als | weniger als | mehr als | weniger als

3 Nutze die nächste große Pause oder eine Sportstunde.
Versuche, einen Fußball eine Minute lang in der Luft zu halten.
Wie viele Ballberührungen schaffst du in einer Minute?
Bitte ein anderes Kind, mit dir gemeinsam zu zählen und die Zeit für dich zu stoppen. Notiere deine Ergebnisse.

a) Du darfst den Fußball nur mit den Händen berühren.

b) Du darfst den Fußball mit beliebigen Körperteilen berühren.

c) Du darfst den Fußball nur mit einem Körperteil aus einem Weltrekord berühren.

d) Vergleicht dein Ergebnis bei c) mit dem Weltrekord.
Überlegt, wie viel Zeit du ungefähr benötigen würdest, um auf das Rekordergebnis zu kommen.

★ **SF:** Vergleiche formulieren und Unterschiede berechnen ★ die Anzahl eigener Ballberührungen in einer Minute ermitteln ★ das eigene Ergebnis mit dem Rekordergebnis in Beziehung setzen ★ **MK:** Texten Daten entnehmen

D 16

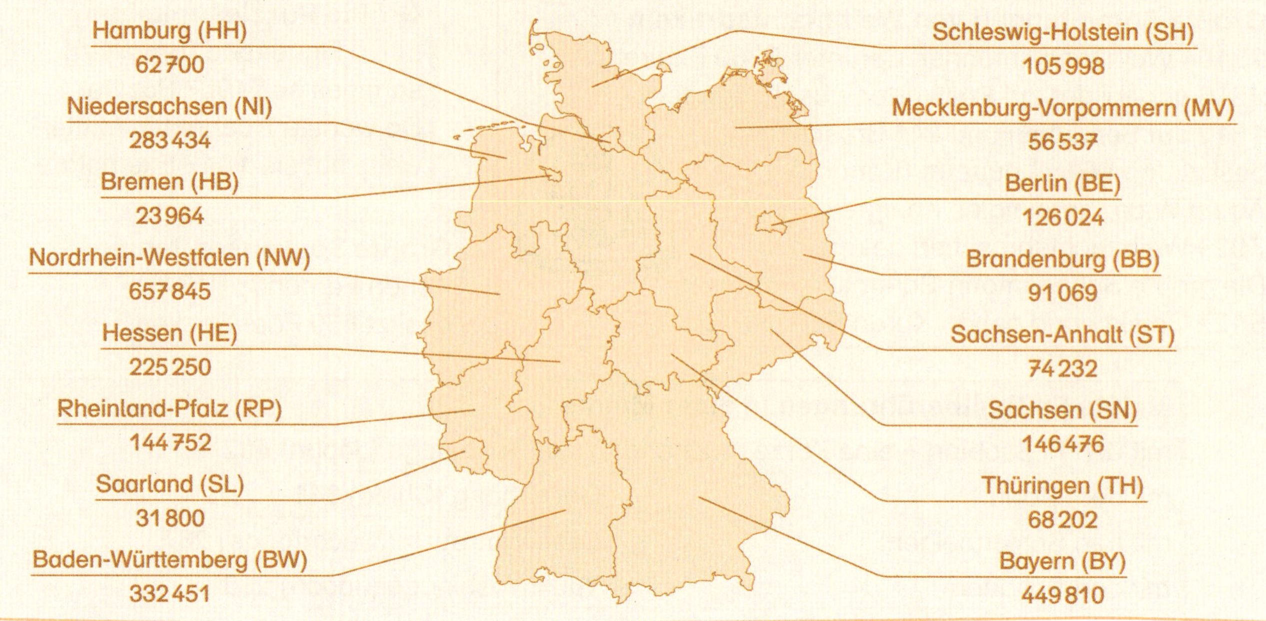

1 Lies für jedes Bundesland die Anzahl der Grundschulkinder ab.

a) Trage sie auf Zehntausender gerundet in die Tabelle ein.

b) Übertrage die gerundeten Anzahlen in ein Schaubild.

(großes Symbol): 100 000 Grundschulkinder
(kleines Symbol): 10 000 Grundschulkinder

Bundesland	Anzahl der Grundschulkinder (gerundet)	Schaubild
BW	330 000	(3 große, 3 kleine Symbole)
BY		
BE		
BB		
HB		
HH		
HE		
MV		
NI		
NW		
RP		
SL		
SN		
ST		
SH		
TH		

* Anzahlen runden
* **MK:** gerundete Zahlen in einer Liste und einem Schaubild darstellen

2 Stelle die gerundeten Anzahlen aus Aufgabe 1 a in einem Säulendiagramm dar. 10 000 Kinder entsprechen 1 mm.

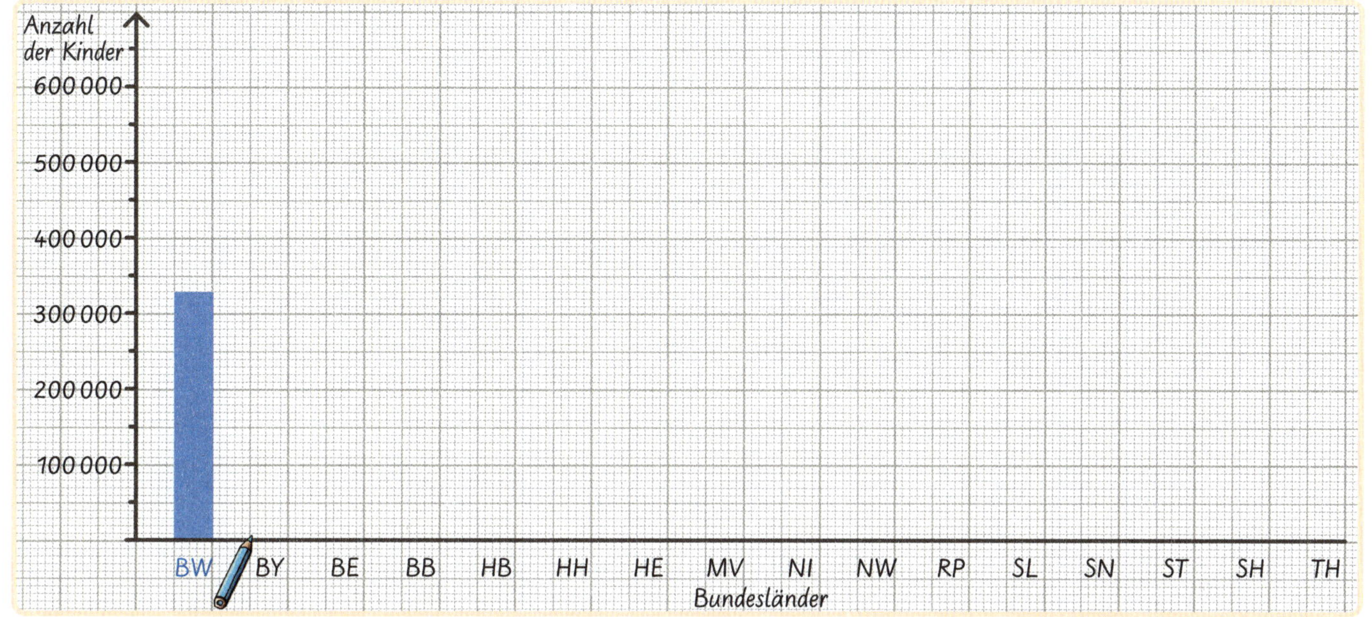

Ich habe die gerundeten Anzahlen in einem Balkendiagramm dargestellt.

100 000 Kinder entsprechen vier Kästchen.

3 Ergänze die Aussagen mithilfe deiner Ergebnisse in den Aufgaben 1 und 2. Verwende die Abkürzungen.

a) Die wenigsten Grundschulkinder hat ____.

b) Die meisten Grundschulkinder gibt es in ____.

c) Mehr als 300 000 Grundschulkinder gibt es in ____, ____ und ____.

d) Zwischen 100 000 und 200 000 Grundschulkinder haben ____, ____, ____ und ____.

e) In NW gibt es ungefähr ____ Grundschulkinder mehr als in BY.

4 Vergleicht die Darstellungsformen in den Aufgaben 1 a und b sowie 2.

a) Beschreibt, mit welchen Darstellungsformen ihr die Aussagen in Aufgabe 3 besonders leicht und schnell ergänzen konntet.

b) Beschreibt Besonderheiten und Vorteile der unterschiedlichen Darstellungsformen.

★ **MK:** gerundete Zahlen in einem Säulendiagramm darstellen
★ Daten vergleichen, Aussagen ergänzen ★ **SF/MK:** verschiedene Darstellungsformen vergleichen, Besonderheiten und Vorteile beschreiben

AH 21

6 Daten einem Säulendiagramm entnehmen, auswerten und in eine Tabell

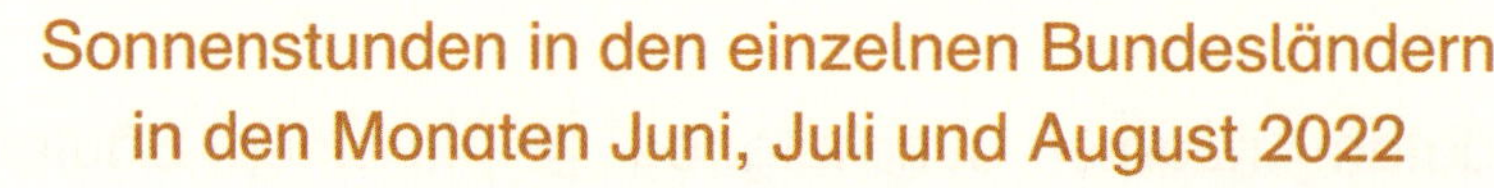

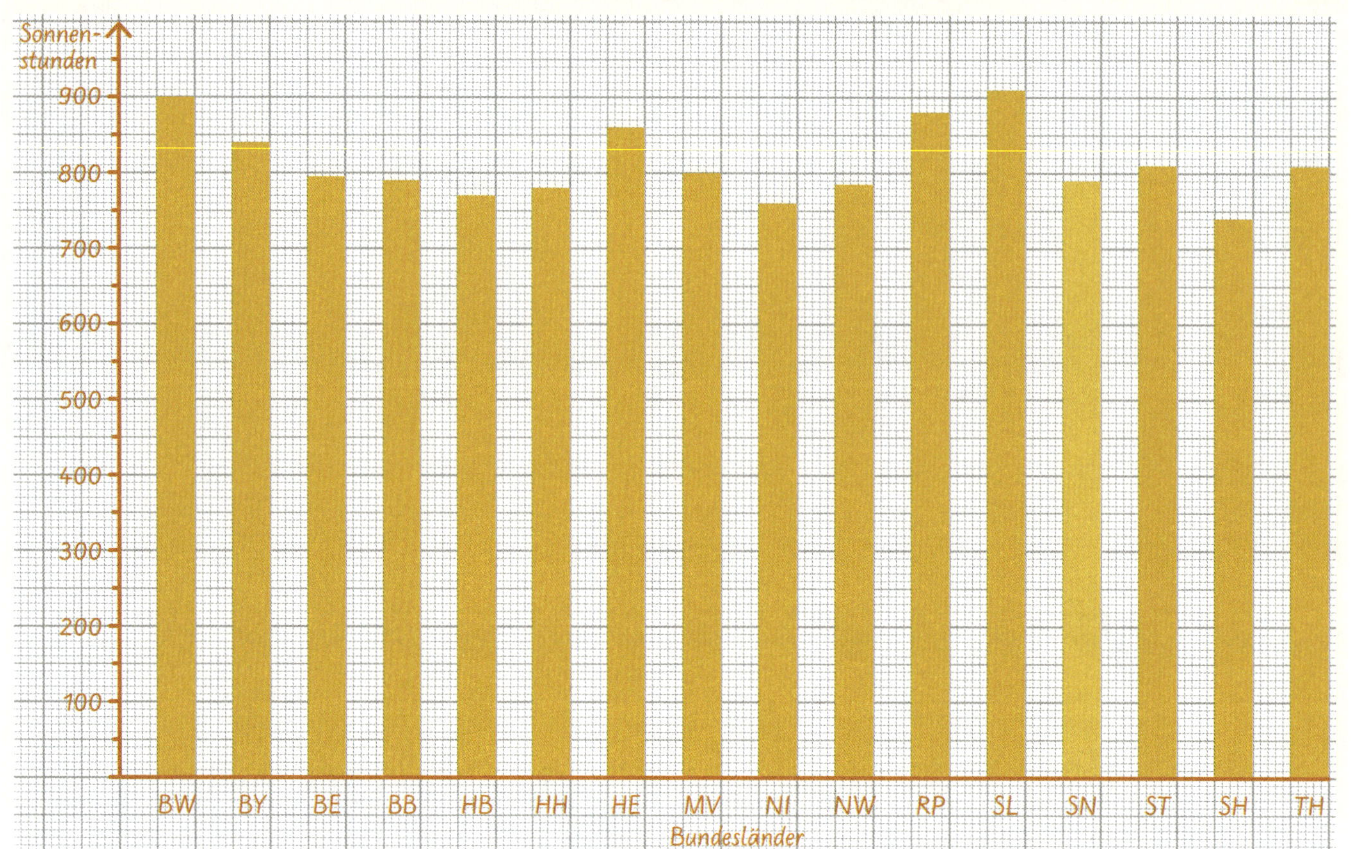

1 Ergänze die Aussagen. Lies die Informationen im Diagramm oben ab. Verwende die Abkürzungen.

a) Die meisten Sonnenstunden gab es in ____.

b) Die wenigsten Sonnenstunden gab es in ____.

c) In ____ und ____ gab es gleich viele Sonnenstunden.

2 Vergleiche die Anzahl der Sonnenstunden, die es in deinem Bundesland gab, mit denen in einem anderen Bundesland. Berechne den Unterschied und schreibe einen Vergleich auf.

3 Übertrage die im Säulendiagramm dargestellten Daten in die Tabellen.

Bundesland	BW	BY	BE	BB	HB	HH	HE	MV
Sonnenstunden	900							

Bundesland	NI	NW	RP	SL	SN	ST	SH	TH
Sonnenstunden								

* **MK:** einem Säulendiagramm Daten entnehmen, Aussagen ergänzen
* **SF:** Vergleich formulieren und Unterschied berechnen
* **MK:** Daten aus einem Säulendiagramm in Tabellen übertragen

4 Mit einem Schreibprogramm kannst du die Daten aus Aufgabe 3 in einer Tabelle am Computer darstellen. So gehst du dabei vor:

Vorbereitung:

- Öffne dein Schreibprogramm und ein neues Dokument.
- Speichere das Dokument.
- Drehe das Dokument ins Querformat.
  So passen alle 16 Bundesländer nebeneinander.

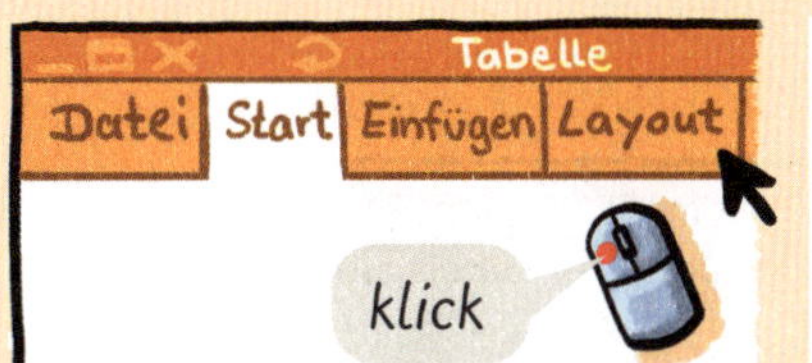

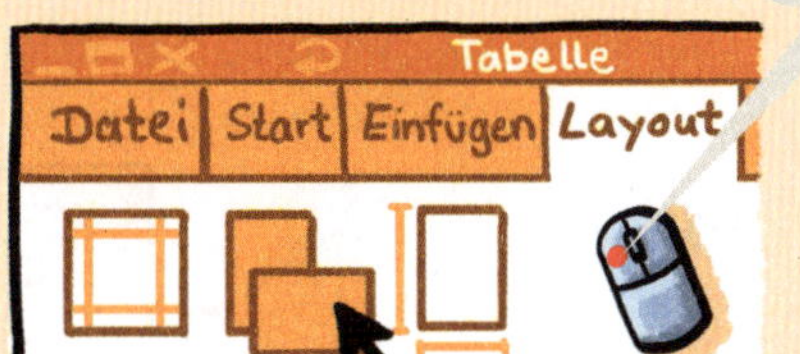

Eine Tabelle anlegen:

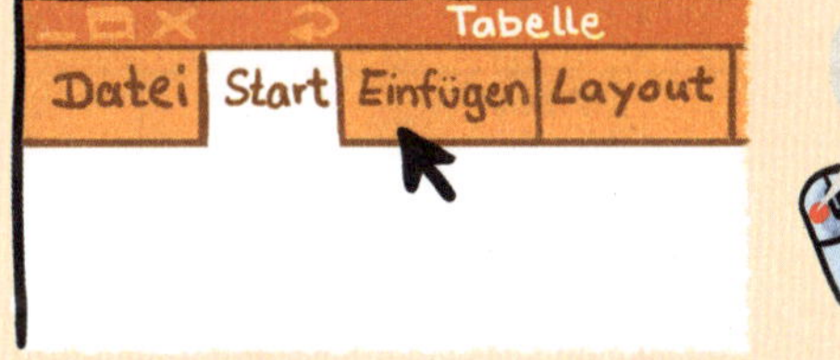

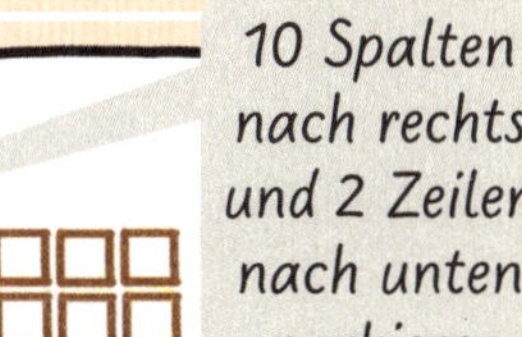

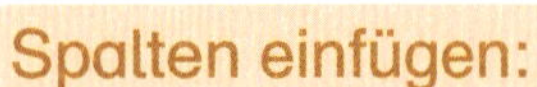

Spalten einfügen:

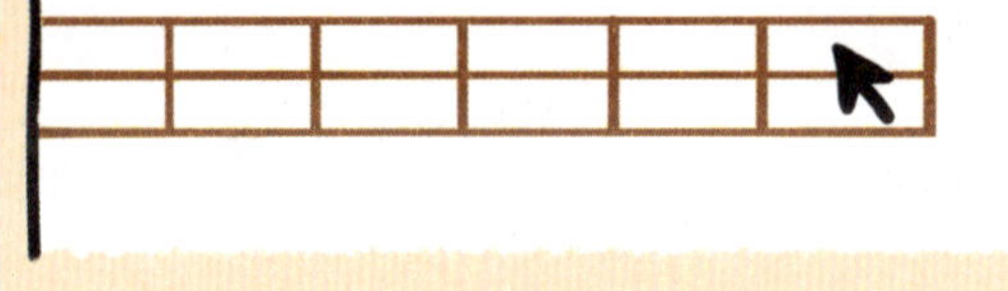

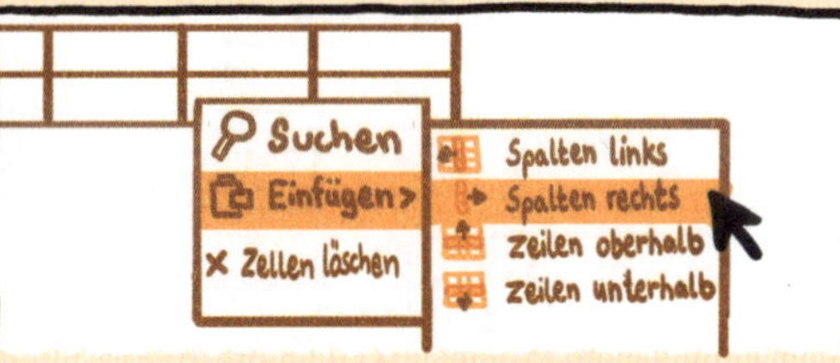

Wiederhole den Vorgang noch sechs Mal, damit alle Bundesländer nebeneinander passen.

Tabelle beschriften und ausfüllen:

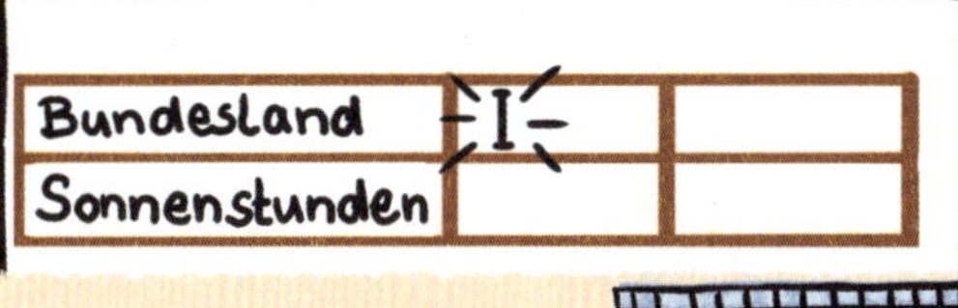

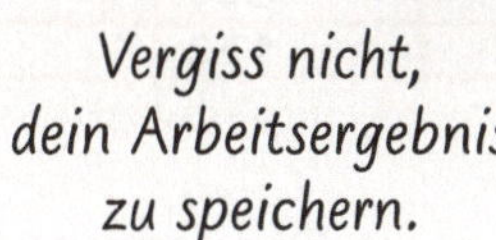

5 Erkundet euer Schreibprogramm.

- Könnt ihr auch direkt eine große Tabelle anlegen?
- Gibt es andere Wege, bei einer Tabelle eine Spalte einzufügen?

Vergiss nicht, dein Arbeitsergebnis zu speichern.

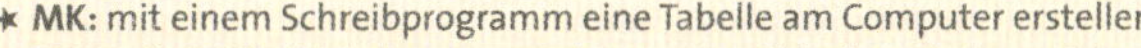

⋆ MK: mit einem Schreibprogramm eine Tabelle am Computer erstellen
⋆ MK: selbst Möglichkeiten zum Anlegen einer Tabelle mit einem Schreibprogramm erkunden

6 Diagramme am Computer erstellen

	2020	2021	2022
Frühling	709	499	673
Sommer	670	613	817
Herbst	360	345	367
Winter	172	164	160

Die Tabelle zeigt die Anzahl der Sonnenstunden in Deutschland von 2020 bis 2022.

1 Übertrage die in der Tabelle oben dargestellten Daten in ein Säulendiagramm. Nutze dazu ein Schreibprogramm am Computer. So gehst du dabei vor:

Vorbereitung:
- Öffne dein Schreibprogramm und ein neues Dokument.
- Speichere das Dokument.

Ein Diagramm anlegen:

Diagramm
Datei | Start | Einfügen | Layout

klick

Säule
Balken

Doppelklick

Titel

Kategorie 1 · Kategorie 2 · Kategorie 3 · Kategorie 4
Reihe 1 · Reihe 2 · Reihe 3

	A	B	C	D	E
1		Reihe 1	Reihe 2	Reihe 3	
2	Kategorie	4	2	2	
3	Kategorie	3	4	2	
4	Kategorie	4	2	3	
5	Kategorie	5	3	5	

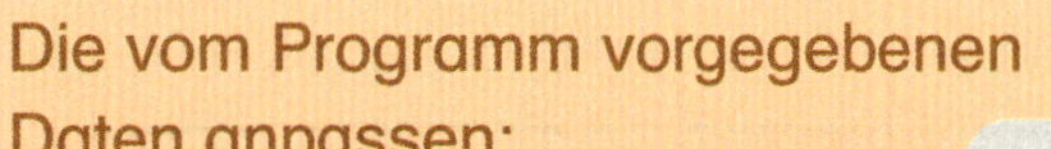

Die vom Programm vorgegebenen Daten anpassen:

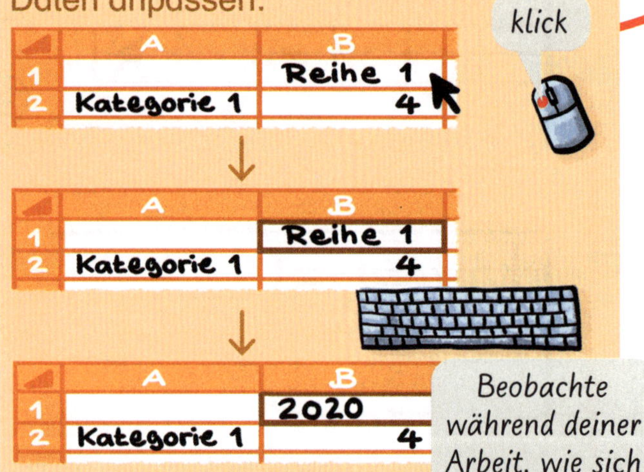

Beobachte während deiner Arbeit, wie sich das Diagramm verändert.

Die Tabelle ausfüllen:

Übertrage die Daten in die Tabelle.
- Beschrifte zunächst die erste Zeile.
- Beschrifte dann die erste Spalte.
- Beschrifte dann die weiteren Zellen der Tabelle.

	A	B	C	D
1		2020	2021	2022
2	Frühling	709	499	673
3	Sommer	670	613	817
4	Herbst	360	345	367
5	Winter	172	164	160

Einen Diagrammtitel vergeben:

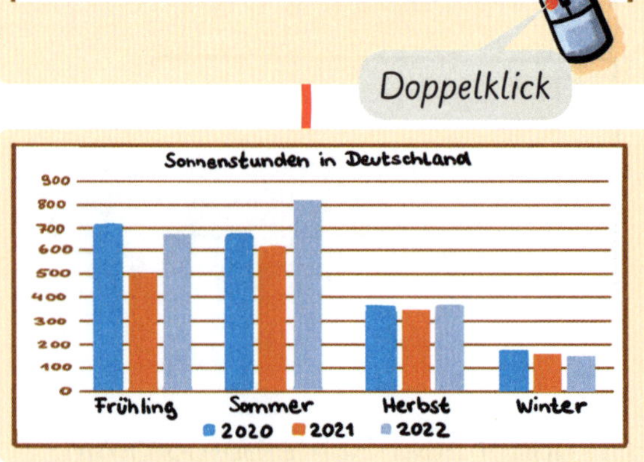

2 Betrachtet eure Diagramme.
Vergleicht die Daten aus unterschiedlichen Jahren und Jahreszeiten.

* MK: mit einem Schreibprogramm ein Säulendiagramm am Computer erstellen
* SF: Ergebnisse auswerten, Anzahl der Sonnenstunden in den unterschiedlichen Jahren und zu den unterschiedlichen Jahreszeiten vergleichen

6 Maßeinheiten für Datenmengen kennenlernen

Digitale Geräte wie Smartphones und Tablets speichern und verarbeiten Informationen mithilfe von Daten.
Ein Maß für die Menge von Daten ist die **Datenmenge**.

Die kleinste Speichereinheit des Computers ist ein Bit (1 b).
8 Bit sind 1 Byte (1 B). Das entspricht zum Beispiel einem Buchstaben.
1 000 Byte sind 1 Kilobyte (kB).
1 000 Kilobyte sind 1 Megabyte (MB).

Die **Dateigröße** gibt an, wie viele Daten in einer Datei gespeichert sind.

1 Wandle um.

a)

3 000 B =	3	kB
70 000 B =		kB
800 000 B =		kB

b)

9 000 kB =		MB
400 000 kB =		MB
20 000 kB =		MB

c)

8,500 kB =	8	kB	500	B
4,030 kB =		kB		B
32,006 kB =		kB		B

d)

2,300 MB =		MB		kB
430,060 MB =		MB		kB
80,009 MB =		MB		kB

2 Vergleiche die Datenmengen. Setze die Zeichen <, > und = passend ein.

a)

2 kB	<	20 000 B
8 kB 450 B		8 450 B
56 kB 300 B		56 030 B

b)

7 400 kB		7,700 MB
95 100 kB		95,100 MB
300 030 kB		300,300 MB

3 Schreibe die Datenmengen der Größe nach geordnet auf.
Beginne mit der kleinsten Datenmenge.

3 kB 500 B | 30 500 B | ~~3,050 kB~~ | 35 000 kB

3,050 kB <

6 Unterschiedliche Darstellungsformen vergleichen und auswerten

Sportverein Sternhausen Mitglieder der Kinder- und Jugendabteilung:

Abteilung	Mitglieder
Fußball	256
Handball	128
Karate	18
Leichtathletik	31
Schwimmen	48
Turnen	31

Tabelle

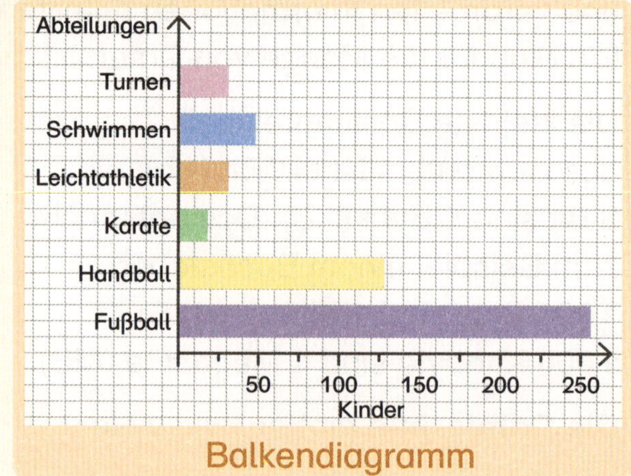

Balkendiagramm

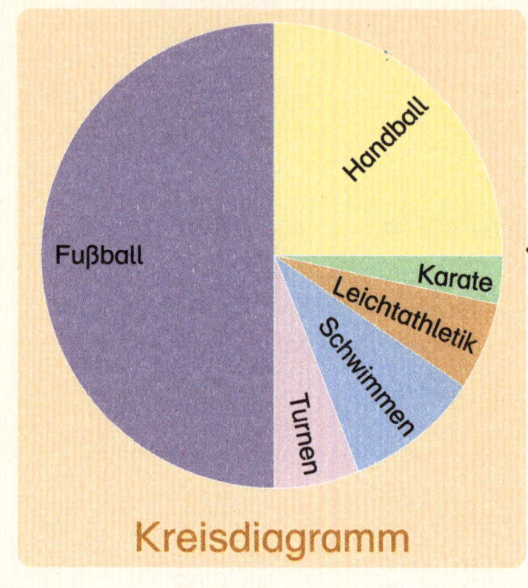

Kreisdiagramm

1 Besprecht …

a) … den Aufbau der unterschiedlichen Darstellungen.

b) … was ihr bei jeder Darstellung auf einen Blick erkennen könnt.

2 Beantwortet die Fragen. Nennt jeweils die Darstellungsform, aus der ihr die entsprechenden Informationen entnehmt.

a) Welche Abteilung hat die meisten Mitglieder?
Welche Abteilung hat die wenigsten Mitglieder?

b) Wie viele Mitglieder hat die Fußballabteilung?

c) Welche Abteilung hat doppelt so viele Mitglieder wie eine andere?

d) Wie viele Mitglieder hat die Schwimmabteilung mehr als die Turnabteilung?

e) Wie viele Mitglieder gibt es in der Schwimm- und Leichtathletikabteilung insgesamt?

3 Beschreibt Möglichkeiten und Grenzen der unterschiedlichen Darstellungsformen.

★ **SF/MK:** unterschiedliche Darstellungsformen beschreiben
★ **SF/MK:** unterschiedlichen Darstellungsformen Daten entnehmen, Fragen beantworten
★ **SF/MK:** Möglichkeiten und Grenzen unterschiedlicher Darstellungsformen beschreiben

1 Führt in eurer Schule eine Umfrage zu ausgeübten Sportarten in der Freizeit durch. Stellt die Ergebnisse dar.

Geht so vor:

Bildet Gruppen.
Jede Gruppe ist für eine Umfrage in einer anderen Klasse zuständig.

Ermittelt, welche Sportarten von wie vielen Kindern betrieben werden.
Notiert die Ergebnisse in einer Strichliste.

Klasse: ______	
Sportart	Kinder

Statt Ballett, Hip Hop, Jazz Dance … könnt ihr kurz Tanzen schreiben.

Betrachtet alle Sportarten, die die Kinder genannt haben.
Überlegt, ob ihr alle Sportarten einzeln erfassen wollt oder ob ihr bestimmte Sportarten zusammenfassen wollt.

Führt die Ergebnisse aus allen befragten Klassen in einer Tabelle zusammen. Ihr könnt die Tabelle auch am Computer erstellen.

alle Klassen	
Sportart	Kinder

Fasst vielleicht Karate, Judo, Taekwondo … als Kampfsport zusammen.

Übertragt das Gesamtergebnis in ein Balken- oder Säulendiagramm.
Ihr könnt das Diagramm auch am Computer erstellen.

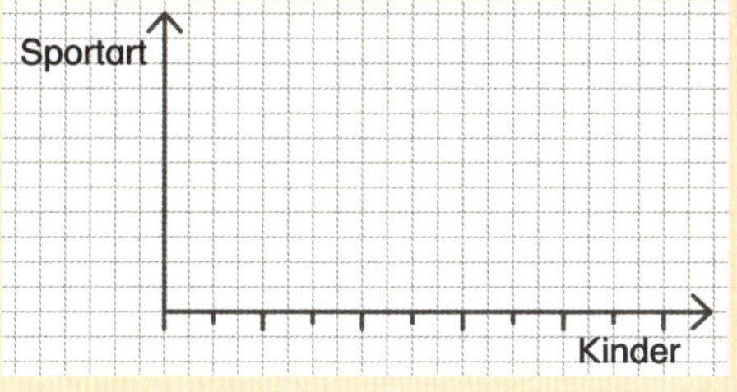

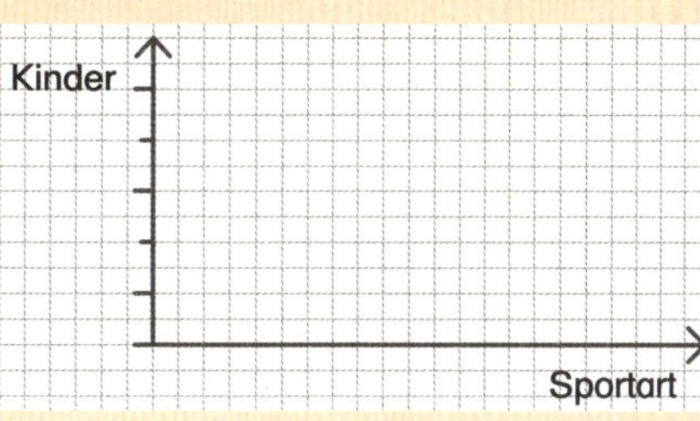

2 Betrachtet eure Tabelle oder das Diagramm.
Schreibt Vergleiche auf. Nutzt folgende Anregungen.

Seite 69 Aufgabe 2
…

mehr als | weniger als |  mehr als |  weniger als

insgesamt | ungefähr doppelt so viele | ungefähr halb so viele

* **MK:** nach Anleitung eine Umfrage durchführen
* **MK:** Ergebnisse in einer Tabelle und einem Diagramm optional am Computer darstellen
* **SF:** Vergleiche formulieren

 1 Plant gemeinsam in der Kleingruppe eine Präsentation eurer Umfrageergebnisse.

a) Überlegt zuerst, wie ihr eure Erfahrungen, Ergebnisse und Inhalte einer anderen Gruppe oder der ganzen Klasse vorstellen möchtet.

Plakat | Beamer | Text-Dokumente | Computerpräsentation | …

b) Überlegt, welche Inhalte ihr in eure Präsentation aufnehmen möchtet.

Ablauf der Befragung | Erfahrungen bei der Befragung | Ergebnisse der Befragung | Darstellungsformen während der Befragung | mögliche und gewählte Darstellungen der Ergebnisse | …

2 Besprecht, was bei der Gestaltung der Präsentation wichtig ist.

Darstellung von Überschriften und Unterpunkten | Darstellung von Tabellen und Diagrammen | Auswertung und Zusammenfassung der Ergebnisse | Ausgestaltung mit Symbolen oder Fotos | …

3 Besprecht, wie ihr die Präsentation durchführen möchtet.

Verteilung der Aufgaben in der Gruppe:
- Wer spricht?
- Wer bedient die Technik?
- Wer gibt Hinweise zur Darstellung?
- …

…

Was ist beim Sprechen zu beachten?

ein einleitender Satz für die Präsentation

eine abschließende Zusammenfassung und Deutung der Ergebnisse

Übt eure Präsentation, bevor ihr sie vor der großen Gruppe haltet.

* **SF/MK:** nach Anleitung eine Präsentation der Umfrageergebnisse in Kleingruppen planen und durchführen

Themenheft 1

- Die Zahlen bis 1 000 000
- Addition und Subtraktion
- Körper
- Daten

Erarbeitet von:	Roland Bauer und Jutta Maurach
Redaktion:	Friederike Thomas, Sophie Yurdakul
Illustration:	Yo Rühmer
Umschlaggestaltung:	Cornelia Gründer, agentur corngreen, Leipzig
Layout und technische Umsetzung:	lernsatz.de

Bildquellen: **S. 62 Deutschlandkarte:** Shutterstock.com/Pyty.

Quellen des Zahlenmaterials: **S. 58 Bevölkerung Düsseldorf:** Amt für Statistik und Wahlen Düsseldorf (2020): Demografiemonitoring 2014 bis 2020. Statistische Informationen Nr. 307. Zugriff am 12. Juni 2023, https://www.duesseldorf.de/fileadmin/Amt12/statistik/stadtforschung/download/Demografiemonitoring_2014_bis_2020.pdf. **S. 60 Umgefallene Dominosteine:** Sinners Domino Entertainment E.K. (2018): Größte Domino-Show mit Weltrekord. Zugriff am 12. Juni 2023, https://www.sinnersdominoentertainment.com/de/domino-events-leistungen/werksshow.html; **Höchste Gebäude:** Guinness world records 2023, Ravensburg: Ravensburger Buchverlag Otto Maier (2022), S. 154, 155; **Höchste Sandburg:** ebd., S. 131; **Höchster Schneemann:** ebd., S. 102; **Längster Schluckauf:** ebd., S. 68. **S. 61 Größte Puzzlesammlung:** ebd., S. 178; **Größte Sammlung von Weihnachtsartikeln:** ebd., S. 88; **Größte Sockensammlung:** ebd., S. 84; **Meiste Fußballberührungen in einer Minute:** ebd., S. 92, 93. **S. 62 Grundschulkinder in den Bundesländern:** Statistisches Bundesamt (29. September 2022): Allgemeinbildende Schulen. Schuljahr 2021/2022. Zugriff am 12. Juni 2023, https://www.destatis.de/DE/Themen/Gesellschaft-Umwelt/Bildung-Forschung-Kultur/Schulen/Publikationen/Downloads-Schulen/statistischer-bericht-allgemeinbildende-schulen-2110100227005.xlsx?__blob=publicationFile. **S. 64 Sonnenstunden in den Bundesländern im Sommer 2022:** DWD (30. August 2022): Anzahl der Sonnenstunden im Sommer 2020 bis 2022 nach Bundesländern [Graph]. In Statista. Zugriff am 12. Juni 2023, https://de.statista.com/statistik/daten/studie/36178/umfrage/sonnenstunden-im-sommer-nach-bundeslaendern/. **S. 66 Sonnenstunden in Deutschland 2020 bis 2022:** DWD (2023): Monats- und Jahreszeitenbericht Deutschland. Zugriff am 12. Juni 2023, https://www.dwd.de/DE/leistungen/klimakartendeutschland/klimakartendeutschland_monatsbericht. Darstellung je aus didaktischen Gründen verändert.

Begleitmaterialien für Lernende der vierten Klasse

Einstern 4 Paket Verbrauchsmaterial	978-3-06-084737-2
Einstern 4 Paket *leicht gemacht* Verbrauchsmaterial	978-3-06-084743-3
Einstern 4 Arbeitsheft	978-3-06-084760-0
Einstern 4 Übungssternchen	978-3-06-084734-1
Einstern 4 BuchTaucher-App	978-3-06-084765-5
Einstern 4 interaktive Übungen	978-3-06-081596-8

www.cornelsen.de

1. Auflage, 1. Druck 2023

Alle Drucke dieser Auflage sind inhaltlich unverändert und können im Unterricht nebeneinander verwendet werden.

Druck: ppm Fulda GmbH & Co. KG, Fulda

ISBN 978-3-06-084727-3

Vorschläge für Plenumsphasen zum vertiefenden Erwerb prozessbezogener Kompetenzen

S. 4/16 Kinder präsentieren ihre Suchergebnisse zu großen Zahlen und erklären jeweils deren Bedeutung, dabei verwenden sie unterschiedliche Darstellungen, z. B. Fotos, erstellte Plakate usw.

S. 5/17 Kinder erkennen und beschreiben auf der Grundlage des Mehrsystemmaterials (Würfel, Stange, Platte, Block, Blockstange …) die Zusammenhänge im dekadischen Stellenwertsystem

S. 12 Kinder stellen ihre selbst erfundenen Zahlenrätsel vor und überprüfen diese auf Plausibilität

S. 20 Kinder beschreiben Veränderungsvorgänge in der Stellentafel und nutzen dabei die Struktur des Zehnersystems

S. 26 Kinder beschreiben das Runden auf unterschiedliche Stellenwerte in Abhängigkeit zum Kontext und begründen ihre Wahl, sie präsentieren Beispiele für Sachsituationen, bei denen genaue Zahlenangaben bedeutsam sind und bei denen gerundete Zahlenangaben genügen

S. 29 Kinder stellen ihre Rätselfragen zu den verschiedenen geometrischen Körpern vor und lösen sie

S. 34 Kinder stellen ihre Vorgehensweise beim Schätzen von Rauminhalten vor, vergleichen und bewerten diese

S. 36 Kinder beschreiben, vergleichen und bewerten unterschiedliche Rechenwege; sie benennen auch Kriterien guter Beschreibungen

S. 46 Kinder stellen Additions- und Subtraktionsaufgaben vor, bei denen Rechenvorteile das Lösen erleichtern, sie beschreiben ihr Vorgehen beim vorteilhaften Rechnen

S. 57 Kinder stellen anhand ausgewählter Beispiele Methoden zum Kontrollieren ihrer Ergebnisse vor, vergleichen und bewerten diese hinsichtlich ihrer Möglichkeiten und Grenzen

S. 58 Kinder stellen Beispiele für unterschiedliche Rechenwege vor und begründen jeweils ihre Wahl

S. 68 Kinder beschreiben spezifische Merkmale unterschiedlicher Darstellungsformen anhand von Beispielen

Vorschläge für die Förderung von Medienkompetenz

S. 27/47 Kinder erstellen eine (digitale) Sammlung/ein Buch für die Klasse mit selbst verfassten Zahlenrätseln. Dieses Projekt kann im Laufe des Schuljahres fortgesetzt werden.

S. 29 Kinder erstellen eine (digitale) Sammlung/ein Buch für die Klasse mit selbst verfassten Körper-Rätseln. Dieses Projekt kann im Laufe des Schuljahres mit Rätseln aus dem Bereich der Geometrie fortgesetzt werden.

S. 30 Kinder gestalten ein Spiel: Sie bauen, optional aus einer festgelegten Anzahl von Würfeln, ein Würfelbauwerk und machen ein Foto davon, zusätzlich schreiben sie den Bauplan auf, im Anschluss werden alle Fotos und Baupläne gesammelt und gemischt, Aufgabe der Kinder ist dann, die Paare wieder richtig zuzuordnen

S. 34 Kinder recherchieren im Internet nach Möglichkeiten, den Rauminhalt eines Quaders zu bestimmen oder zu verändern; davor sollte thematisiert werden, dass bei der Recherche bzw. vor dem Nutzen der Tools auf eventuell anfallende Kosten oder die Abfrage (personenbezogener) Daten zu achten ist

S. 36/58 Kinder erstellen eine (digitale) Sammlung mit Aufgaben, die sie im Kopf, halbschriftlich oder schriftlich rechnen

S. 47 Kinder erstellen eine Merktafel zu Fachbegriffen der Addition und Subtraktion

S. 61 Kinder erstellen eine (digitale) Sammlung/ein Buch für die Klasse mit selbst verfassten Rechengeschichten zum Thema Rekorde. Dieses Projekt kann im Laufe des Schuljahres mit Rechengeschichten zu weiteren Themen fortgesetzt werden.

S. 64 Kinder recherchieren im Internet nach Informationen zur Anzahl der Sonnenstunden zu anderen Jahreszeiten oder in anderen Jahren oder in anderen Ländern; sie können die Daten auch auswerten und mit den Daten zum Sommer 2022 in Deutschland vergleichen

S. 68 Kinder erkunden ihr Textverarbeitungsprogramm und prüfen, ob und wie sie damit auch Balken- oder Kreisdiagramme erstellen können

Synopse zu den Medienkompetenzbereichen

Suchen, Verarbeiten und Aufbewahren	S. 4, 16, 27, 29, 36, 47, 58, 60–64, 66, 68
Kommunizieren und Kooperieren	S. 70
Produzieren und Präsentieren	S. 4, 16, 27, 29, 30, 36, 47, 58, 61, 63, 64, 66, 69, 70
Schützen und sicher Agieren	S. 34
Problemlösen und Handeln	S. 15, 22, 34, 38–41, 48, 49, 65–70
Analysieren und Reflektieren	S. 68